神と悪魔のホントの話

魂の故郷《ふるさと》からのエネルギー

Sol Lights Tuning

Energy from the home of the soul
The true story of God and the devil

ソルライツ・チューニング

著

生観院捨名／望月龍平

はじめに

ソルライツ・チューニング（Sol Lights Tuning）とは

宇宙の中心・魂の故郷とのつながりを取り戻すことで、
自身があまねく光を照らし出す存在となり、
あなたが本来の自分になることができるためのアクティベーションです。

あなたが地球に誕生した瞬間から持っている、
本来の輝きや生命力を再び甦らせ、
あなたと、あなたの大切な方々の人生を
より光り輝く道に調整（チューニング）する能力を開くものです。

そしてこのエネルギーを使える人たちを世界中に増やしていき、

「地球の憂鬱《うつぷん》を晴らす」ことで、
幸せで豊かな人をこの地球に増やし、
五世代、六世代先には、我々の子孫に争いという概念すらない
この世の天国、幸せで豊かな世界を遺すことを目的としています。

＊

不調をもとに戻す、悪いところを治すのが「ヒーリング」だとすると、
「チューニング」はそれを超えて、
よりプラスに働きかけるためのエネルギーなのです。
また、ソルライツ・チューニングは現代医療と協調・協和する立場を取っております。
本書の内容は、適切な資格のない方に、医療行為を行うことを促す意図もありませんし、
現代医療を否定するものでもありません。
現代医療を尊重しつつ、ソルライツ・チューニングの素晴らしさも組み入れて、このエ
ネルギーにご縁のある皆様に、より豊かな生活を送るための一助として、ソルライツ・
チューニングをご愛用、ご活用いただければ幸いです。

目次

はじめに　1

ソルライツ・チューニング（Sol Lights Tuning）とは

第1章　生観院捨名師　インタビュー

トイレの中から、見えない魔の手が出てくる　10

幼少期から見えていた観音様のような存在が、30歳の誕生日に突然しゃべり出す　11

直弟子講座を始めることになったいきさつ　19

ソルライツ・チューニングに、アカデミックな知識は必要なのか　21

人生のシナリオに導かれ再現性100％のテクニックを伝える道へ　24

神様がつかない人もいる？　27
魔界の偉い人たちがお願いをしにくる⁉　32
10分でガンを消した⁉　34
死んで上に還るときは、この世の記憶は全部消されてしまう？　36
天機を切る、とは？　40
旧約聖書の「ヨブ記」に書かれていること　44
施術例：イスラエルの兵士　46
施術例：インドネシアのデザイナー・大富豪　48
施術例：元プロ野球選手　49
施術例：武道家の弟子　50
パワースポットは悪魔の巣窟？　行ってはいけない理由　53
施術例：歌手を治す　56
地球の憂鬱を晴らす、とは？　59
このエネルギーを使って子どものやりたいことをサポートする方法　63
自分の神様は移動する？　67
子どもを授かるメカニズム　70

医者も苦慮する花粉症、エイズにも効果あり⁉ 73
海外で紹介され反響が大きかった書籍『エナジー・メディスン』 78
Ｚｏｏｍと対面での体感や効果に違いはある？ 81
施術例：脳血管の病気、乳ガン、コロナまで 84
神様も悪魔もいるということを知る 85
映画「グリーンマイル」のようだと言われた 90
やっていることは「人型神製造所」？ 92
神様は自己犠牲がお嫌い 94
神様は、おカネが欲しいわけではない 97
ソルライツ・チューニングを学ぶことで、高次元のエネルギーが使える 99
エネルギーでアクセスする 103
神様が発動すれば再現性は１００％ 107
ぜひ花粉対策講座をしたい？ 111
ソルライツ・チューニングを学ぶプロセス 114
写真の上にソルライツ・エネルギー入りの陽門銭を置くと…… 115
捨名師匠の子育て論 117

ソルライツ・チューニングの最重要手技「基本のキ」 121
魂の持ち主である神様に私たちは愛されている 121
逆子を直す 123
受ける側の姿勢によって効果が変わる? 124
捨名師匠ができることは、みんなも必ずできる 125
弟子に幸せの近道を教える 127
〈体験談〉ソルライツ・チューニング　感動・感謝の声 131

第2章　ジル・ブレイクウェイ氏　インタビュー

ジルさんと捨名師との出会い 161
診たくない患者 165
施術は神様との共同作業 167
エネルギーヒーリングを取り巻くアメリカの事情 172
ゲートオープンしてもらったときの感覚 174
ジルさんの治療について 176

捨名師のエネルギーを授かる方々へ　178
あとがきと謝辞　192

カバーデザイン　森　瑞（4tune box）
編集協力　宮田速記
校正　麦秋アートセンター
本文仮名書体　文麗仮名（キャップス）

第1章

生観院捨名師　インタビュー

インタビュアー：望月龍平氏（ソルライツ・アソシエーション代表理事）
2023年2月8日　イッテル珈琲にて実施

トイレの中から、見えない魔の手が出てくる

望月龍平　捨名師匠は曹洞宗の僧籍をお持ちですが、宗教嫌いなんですよね。

世の中で信じられていることでも、捨名師匠からお話を聞くと、「エッ、そうなんですか⁉」ということがたくさんあるんです。

例えば、トイレのふたを閉めるというのは理にかなっているんです。それはなぜかというと、トイレから手が出てくるのだそうです。男性はあまり影響がないのですが、女性は危ない、と。

生観院捨名　見えない魔の手が出てくるんですよ。女性の場合、尿道のすぐ奥に子宮があるじゃないですか。そこをめがけて手が入ってきて、ネガティブなエネルギーがずっと滞留するんです。すると、子宮頸ガンになったり卵巣嚢腫《のうしゅ》になったりします。女性は子どもを宿し、産むという大変なお役目がある分、ネガティブなエネルギーの攻撃を受けやすいんです。

――そんなお話をうかがうと、トイレで排泄することが怖くなりますが、それは大丈夫なのですか？

捨名　塩をまいておくといいですよ。
望月　以前、盛り塩は効かないとおっしゃっていましたよね（笑）。
捨名　盛り塩は効かないけれど、何かの足しにはなります（笑）。
望月　捨名師匠の弟子たちはその話を聞いているので、必ずマイナスなエネルギーを消してから用を足しています。

――ズバリ、手の正体は何ですか？

捨名　ネガティブ・ディバイン（略称は「ＮＤ」。ネガティブエネルギー世界における神格を持った存在）です。怖いものというのは、人の霊だったり、妖怪だったり、悪魔だったり、サタンだったり、いろんな呼び方があるじゃないですか。
望月　直弟子講座をスタートするにあたって共通言語がないといけないということで、「ネガティブな存在」という意味の「ネガティブ・ディバイン」と名づけました。

幼少期から見えていた観音様のような存在が、30歳の誕生日に突然しゃべり出す

望月　ネガティブな存在がいるということは、逆にポジティブな存在もいる。それが「神

様」ですね。

捨名　神とか仏とか、「そんなもの本当にいるの？」と思うけれど、これらの存在がないと、どうしても道理がつかない。つじつまが合わないんです。

望月　捨名師匠は、30歳くらいまでは、そういうのがむしろ嫌いだったというか、まったく信じていなかったらしいんです。

捨名　無神論者で、目の前にある現実が全てだと思っていました。

　とはいえ実は、小さいころから観音様みたいな存在がずっと見えていました。でも、何もしゃべらない。ところが、30歳の誕生日の少し前に離婚をして、実家に帰ったときに急にしゃべり出した。そのときは、母と向かい合って話していたら、その隣にいて、いつも見えているその方がはじめて口を開いたんです。

　第一声が「懲りたか」。それに続けて、「今まで好きにさせてあげたのだから、これからはわしらの言うことを聞きなさい」と。しゃべり出したことに驚いたと同時に、「『懲りたか』って何？」という感じでした。確かに今までやりたい放題やってきましたが（笑）。

望月　ちなみに、今、捨名師匠についているその観音様のような大神様はその当時どのくらい見えていて、一方のNDみたいな存在はどのくらい見えていたんですか？

捨名　NDは、18歳のときにはじめて見ました。

望月　それまでは大神様しか見えていなかったんですね。

捨名　そうなんです。18歳のときに、上から真っ黒いものがフワッと降りてきて、金縛りにあったんです。これが金縛りかと思いましたが、僕は負けず嫌いなので、思いっきり手に力を込めたら指が動いて、手首が動いて、肘が動いた。そこで「バンッ」とパンチをしたら、NDに当たって飛んでいってしまった。そのとき、パンチがお化けに当たったという感触があるわけですよ。誰に言っても、こんなのは信じてもらえないと思いますが、「絶対にお化けだな、この世のものじゃないな」と確信しました。

望月　捨名師匠は、これまでに何度か死にかけているじゃないですか。そのときの臨死体験が、その後に何か影響があったと感じますか？

捨名　それはないですね。臨死体験の最初は、5歳くらいのときです。自分はゴジラだ、強いんだぞと思い込んで、クルマの前に飛び出して両手を広げたんです。見事にひかれました（笑）。今でも覚えていますが、砂利の上をガンガンと転がったんです。でも体が小さかったので、クルマの下に入ったのか、すりむいたくらいでした。

望月　2度目は？

捨名　16歳のとき、バイクの事故です。山道でコーナーを曲がりきれずに、ボーンと崖から落ちた。そのときもすりむいたくらいでしたね。

本当にあの世に行きそうになったのは、29歳のときです。

望月 30歳というのは、僕も大きな節目だったのですが、関係ありますか？

捨名 たまたまだと思います。僕は、本当に現実主義者なので。

望月 でも、大神様は見えていたんですよね？

捨名 ずっと見えていました。お化けも、悪魔も、魔王みたいな存在も見えていた。

望月 現実主義者であるのに、それらはどのように捉えていたのですか？

捨名 僕にしか見えないから、人には言いませんでした。現実主義者でも受け止めなければどうしようもない。だって、常に見えていて、常に攻撃を食らうわけですよ。いきなり矢が飛んできたりする。その矢は見えないのに、刺さると痛いんですよ。

そして29歳のときに、急性膵炎《すいえん》で死にかけたんです。何回も急性膵炎になっているのですが、最初のときは3日くらい意識が戻らず、そのときはじめて幽体離脱をして、自分の体が下のほうに見えました。

望月 幽体離脱すると、どんな感じなんですか？

捨名 「すごい自由！」と思いました。水中ダイビングをしている感じですね。水深20メートルくらいまで潜ったような感覚で、グルンと回ってみたり、逆さまになったり、突っ立ったり。ものすごく自由で居心地がいい。そして、とにかく美しいんです。そのときは、まわりに神様たちがズラーッといて、大神様もいました。
望月　今、名古屋にあるソルライツ・チューニングＬａｂｏにその大神様の御姿を絵にしたものが飾ってありますね。
捨名　私の友人の画家さんに大神様がビッグバンを起こしたときのものを絵にしてもらいました。宇宙創生のビッグバンは、私についてくれている大神様が起こしたものなんです。名古屋Ｌａｂｏに来ていただければわかりますが、あの絵からはものすごいエネルギーが出ていますよ。
――捨名師匠についている神様がビッグバンを⁉
捨名　そうです。
望月　その絵が届いてから明らかにＬａｂｏのエネルギー値が変わりました。ソルライツ・チューニングにとって、Ｌａｂｏはまさにサンクチュアリ（聖域）ですね。
捨名　地球上でこれほどのパワースポットはないでしょうね。
望月　話を戻しますが、その幽体離脱したときは、大神様は何にも言わなかったんですか？
捨名　何にも言わなかった。目が覚めたら、僕は入院していて点滴につながれていた。そのときは、当時の妻が青い顔をして隣で泣いていて、「ああ、生き返っちゃった」と思い

【ビックバン・宇宙創生】
生観院捨名師の神眼が捉える、宇宙創造の瞬間と、創造神（大神）を描く神画。
原画は、Sol Lights Tuning 本部道場（愛知県名古屋市）に掲げられている。

ました（笑）。

　でも、離婚はものすごくしびれますね。こんなにつらいことはない。子どもと会えなくなったりしますから。それで落ち込んで実家に帰って、おふくろとお茶を飲んでいたら大神様が急にしゃべり出して、「これからわしらの言うことを聞け」と言うんです。一人なのに「わしら」というのはおかしいなと思ったら、急にみんなが姿を現した。

望月　ほかの神様も見せられた、と。中国の映画でよく大軍勢が出てきますが、それくらいすごかったんですよね？

捨名　全員、金色の鎧を着ていました。それが映画のように、俯瞰《ふかん》して見えるわけですよ。今でいうドローン目線で。

　当初は、「これからは言うことを聞け」と言われたって、「聞くわけないじゃん」と思っていました。でも、その後1週間くらいで、この人に逆らうのはやめて、言うことを聞いてみようか、と思うようになったんです。

　すると、「本屋へ行け」と指示されたので、御茶ノ水だったか四ツ谷だったか、大きなキャリーケースを持って医学書を買いに行き、解剖学、病理学、生理学の本をたくさん買って、ひたすら読んだんです。

　その後、こんなことがありました。うちに来る酒屋の大将が薄毛だったのですが、あるとき「前から気になっていたんだけど、おまえの頭を治してやるわ」という言葉が口から出ました。大将は「ハア？」と困惑していたけれど、さらに「信じろ」と言って30分くらい手を当てていた。そうしたらなんと、産毛が生えてきたんです。僕は無意識だったので、たぶん大神様に言わされていたんだと思います。

望月　捨名師匠が施術をするときに、師匠ご自身がやっているときと、入れかわってやられているというか、大神様がやっているときがあるそうですが、大神様が自分の中にズドンと入ってくるときの衝撃がすごいんですよね？

捨名　首がプレスされるような感じになるんです。

望月　僕が捨名師匠に出会ったばかりのころ、施術中に首が「クッ」とこわばるような仕草をされることがあって、なぜだろうとずっと思っていたんです。さらに直弟子講座でも、「今の施術はどうやったんですか？」と弟子から質問が出た際に、すぐにスッと答える場合と、あまり覚えていない様子で、思いだしながら振り返って解説してくれる場合と、2つのパターンがありました。振り返っているときは（大神様と）入れかわっていることが多くて、そのときは必ず首がクッとなる、大神様が入ってきた仕草があって、捨名師匠は「入れかわっているから首がつらいんだよ」とおっしゃってました。初めて酒屋さんに施術されたときも、大神様が入ってきた感触はあったんですか？

捨名　ありました。

望月　最初のころは、ソフトに入ってきたんですか？

捨名　そう。そのエネルギーに僕の体が耐えられるくらいの感じで入ってくるんでしょうね。最近は、僕の出力とかエネルギー値が変わって、けっこう乱暴に入ってくる感じです。おかげで頸椎ヘルニアになって、手がずっとしびれています（苦笑）。

望月　神世のエネルギーなので、普通に考えたら、三次元の重たい肉体という器に見合うわけがない。僕ら直弟子も、徐々にエネルギーが上がっていかないと、体がもたないですよね。

捨名　でも、直弟子はみんな本当にすごいですよ。

直弟子講座を始めることになったいきさつ

望月　捨名師匠が30年かけて、それこそ神様と二人三脚でやってこられたことを、直弟子講座では2年で仕上げることを目指しているので、ものすごく濃密な講座だと思います。

捨名　本当に濃密ですね。

望月　僕も最初から、その時点で自分が想像しているものとは全然違う次元の講座になるだろうと思っていましたが、それすらもはるかに超えていました。捨名師匠も、弟子たちに教えていて「おまえら、すごいな！　そんなこともできちゃったのか」みたいな感じでしたね。

捨名師匠はよく、「エネルギー任せというか、神様任せでやるんだよ」と言いますが、神様の後押しに身を委ねるという意味です。恐らく人生もそうだと思いますが、三次元の世界で生きていると、自力でどうにかしようと思いがちですよね。捨名師匠も、「計画を立てるのはやめた」とよくおっしゃっています。

出会った最初の頃は、捨名師匠に僕からお願いして海外の要人の施術をやってもらっていました。そのころ、世の中的にはコロナが騒がれていた時期だったのでＺｏｏｍでしたが、捨名師匠がとても熱心にやってくださったので、Ｚｏｏｍ越しにどんどんよくなっていくわけです。それで、「何なんだ、この人は⁉」と驚いたんです。

例えば、皮膚ガンで肩からガンが飛び出しているような人に対して、画面越しにペットボトルの水にエネルギーを入れて、その人はガーゼがなかったので生理用ナプキンで代用されたのですが、その水を浸して肩に当てるというのを数日繰り返すよう教えてあげたら、後日ガンが消えてしまったんです。

捨名　あのセッション自体は30分も経っていなかったね。

望月　その海外の要人たちは、世界中の能力者とつながっていたりするわけだから、表に出てこないすごい現象も恐らく経験していたりするはずなのに、その人たちから見ても、「何じゃ、これは？？？」と。

そして、「フロリダに土地を買ったから、捨名師匠に道場をつくってほしい」という依頼があって、まずは日本で捨名師匠の弟子を育てないといけないと考えました。それで捨名師匠の直弟子を育てるということに。

１期生と2期生合わせて、100人ほど入ってきました。まず弟子になると、捨名師匠にディープゲートを開けてもらい、神様をつけてもらいます。入門希望者たちは、最初に捨名師匠と面接をして、師匠がOKすると、直弟子コースに入学決定。すると、捨名師匠がたくさんの神様に「この人には、誰がつく？」みたいな問いかけをして、手をあげた神様をつけるというところからスタートしました。

ソルライツ・チューニングに、アカデミックな知識は必要なのか

捨名　僕がこの道に入ったとき、解剖学と病理学と生理学を、難しい文献を読みながらこつこつ勉強しました。５万円くらいするバカ高い本を何冊も買って、医学部の偉い教授た

ちが書いた本なのに、理論と実際は全く違った。いろんな病理学の本を読んでみても、その病気の解決法とか治療方法がわからなかったり、がっかりしたりすることばかりだったので、こんなことを勉強しても意味がないなと思いました。

望月　どんなに理論を学んでも、結局、治せるか治せないかだろう、というところに、捨名師匠は一生懸命勉強しているうちにたどり着いた。それも大神様が見せているというか、捨名師匠の中で答えが導き出されるのを見守っていたのだろうなと思います。

だからこそ、弟子たちも最初は捨名師匠が勉強されたようにやっていく必要があると考え、わりとアカデミックというか、少し硬めの講義内容でスタートしました。最初に集まったうちの25％くらいは、看護師とか柔道整復師とか鍼灸師とか、体のことを一通り学んできた人でしたね。

捨名　国家資格持ちも結構多かったですね。そういう人たちにとっては、体の中でこういう反応が起きて、こういうふうになっているというのが理解しやすいのですが、全く医学的な知識を持たずに入ってきた人には、一から十まで、アカデミックな側面から1年くらいかけて教えました。

望月　最初のころは、知識のないど素人の人たちこそ、それなりに高い学費を払っているからと一生懸命勉強しているのですが、頭がこんがらがっていくわけですね。それを捨名師匠が見るに見かねて、もちろんそれは大神様も見ていたと思いますが、そういうことがわからなくても、ちゃんと現象として立ち上がるやり方を、よりシンプルに、よりイージーにできるようにナビゲートしていってくれたんです。

捨名師匠は、アカデミックに、ロジカルにやろうと思ったら、それもできるんですけど、皆が苦労しないでもできるようなやり方を教えてくれた。ソルライツの基本的な考え方として「原因の消去法」と捨名師匠は呼ぶのですが、この病気はこういうことが原因だからと、考え得る原因をエネルギーを使って消去していくわけです。その中で比重として大きいのがＮＤで、大半の病気はそれが大きく影響していると捨名師匠は教えてくれています。

捨名　だいたいそうですね。だから、西洋医学で解決できない病気のほうが、僕らは得意なんです。ただ、原因を消去するにも、医学の知識がないとわからないじゃないですか。僕も勉強を始めるまでは、体にかかわる知識はまったくありませんでした。30歳までは建設労働者でしたからね。〝負けず嫌いの土方〟（笑）。それ以降も事業を立ち上げたり、いろいろやろうとしたりしたのですが、全部神様に壊されていく。それはなぜか。僕がこの道に進むしかない、という状況をつくられていたんですね（笑）。

人生のシナリオに導かれ再現性100％のテクニックを伝える道へ

望月　以前、人は生まれてくる前に、魂としてどういうことを学ぶかという「人生のシナリオ」があるという話をしていましたね。

捨名　運命の歯車を決めてくるんですよ。

望月　捨名師匠の場合は、それがえげつないですよね（笑）。

捨名　そうですね（笑）。

望月　何年くらい前でしょうか、捨名師匠が自分の命の灯《ともしび》が消えていくのを感じて、遺品整理とか、終活を始めたことがあったそうですね。

捨名　ヤッター！　と思った。そしたら、大神様に「これからおまえに神託を与えるのに、ふざけるんじゃない」と言われたんです。

望月　まだやることがあると。

捨名　龍平（※望月さん）とはじめて会ったのは2年くらい前ですが、その数カ月前だったね。

望月　僕が捨名師匠と初めて会ったのは２０２０年ですね。

捨名　59歳くらいのときに、やっと向こうの世界に還れると思って。

望月　その後、前述の海外の要人たちの施術をお願いしました。捨名師匠も僕も想像していなかったシナリオが、実はずっと前から動いていたんでしょうね。

捨名　今思うと、本当に準備されていたと感じます。

望月　さっきの話に戻ると、捨名師匠は医者もびっくりするくらい博学なんですよ。ご自身がわかっていることもあるけれど、大神様が「これだよ」と教えてくれることもあるのは間違いなくて。そうじゃないと、現象として立ち上がる理屈が合わないんです。

　捨名師匠も最初のころは、大神様から「これをこうやるんだ、ああやるんだ」と逐一、見せてもらったり、手取り足取りナビゲーションしたりしてもらったそうです。そして、ソルライツの面白いのが、アカデミックな知識がない弟子たちも、エネルギー任せ、神様任せで、捨名師匠がやっているのを見ていれば、自分の後ろについている神様が覚えて、一緒に学んでくれると捨名師匠はおっしゃいます。

捨名　それをトレースしちゃうんですよ。

望月　だから、弟子が捨名師匠の見よう見まねで施術をしてもできちゃう。

捨名　本当にそれでよくなる。寛解《かんかい》するんです。

――後ろの神様が覚えていてくれるというシステムはすばらしいですね。優秀な記憶装置をいつも装着しているようなものですから。

望月　だから、捨名師匠がよく言うのですが、このように100%再現できるテクニックというのは、ほかにはないなと。僕もそう思いますね。僕は劇団四季時代から本当にあらゆる治療を受けてきたので、よくわかります。

捨名　俗に言うスピリチュアル業界では、自称霊能者という人たちが、力を分けてあげようとか、伝授してあげようとかって言うじゃないですか。でも、そういう人たちの中で、本当にまともな光のエネルギーを出している人に、正直会ったことがありません。僕の教えているソルライツ・チューニング（Sol Lights Tuning）は、例えば100人来たら100人とも、同じシステムで、同じことができるんですよ。再現性が100%。あの人はできたけど、この人はできないということもない。もちろん人によってエネルギーの出力量など習練の度合いが違うので、どのくらいの時間をかける必要があるかなど、個人差はありますが。必ず出来るようになる。

神様がつかない人もいる？

――神様がつかない方もいるんですか？

捨名　中にはいますが、そういう人たちは、そもそも応募してこない。実は神様は宗教自体があまり好きではないので、まれにそういう人が来ると、「お帰りください」となる場合があります。神様がやりたがらないんですよ。神様が発動しないと僕たちのテクニックはできないので。

望月　僕自身もセッションでクライアントさんにチューニングしていて、信じる力というか、信じて任せる……んー、信じるということ自体も意識していないぐらい神様と、エネルギーと一体になっている状態が、一番結果が出ますね。信じる力、すごく大切だと感じます。初期にやめてしまった人たちは、そういう感覚を実感する前に理解できずやめちゃったんでしょうね。本当にもったいない。もちろん続けていても、迷いが出てくる人もいますが、神様もそれを見ていて、その人が自分で選択するのを許しているというか、任せている。神様は見守っているけれども、自由意思とか、選択する権利は人間のほうにちゃんと委ねられているなと僕は感じます。

でも、捨名師匠に対しては、神様は「ダメ！」と言って、ひっぱたいたりするそうです(笑)。それは、捨名師匠が間違えたら、「弟子を育てる」という神様のシナリオに差し障りが出てくるから。大神様からすると、「おまえには自由意思はないんだよ」、という感じでしょうか。

捨名　弟子たちをミスリードできないですから。

望月　弟子たちは、ある意味、自由意思に委ねられているので、変な方向に転がっていってしまうことがある。そういうときに、捨名師匠に「あの子の神様って今どうしてるんですか？」と聞くと「そばにいて見てるよ。でも、見てるだけ。本人が気づくまでじーっと待ってる」って。それにしてもやめちゃった人達も、あれだけ目の前で師匠に奇跡を見せてもらったのに、ある意味不思議。みんな人間だから、魔がさすのかな。

捨名　帰ってきたかったらウェルカムで、ゲートはずっと開いているんですよ。神様はついた人を溺愛してますからね。弟子が間違えたほうに行ったら何もせずに、ただじっと見ている。その間は力を貸すこともない。ヒントくらいはくれるかな。弟子の中でも僕が叱られたように、神様から「コラ！」って言われる人もいるみたいですけどね。

落ちこぼれていったのは仕方がないな、と。神様は、不肖の弟子たちですら離れるわけでもなく、ずっと見守っています。神様は人がいいんじゃないですか。慈悲深いのかな。

望月　世の中一般で言われている神様は、愛情深いし、いいひと？　いい神（笑）？って思われるけど、師匠のいう神様って、ちょっと違いますよね。もちろん愛情深い、そして究極のえこひいき。そして意外なのが、怒らせたら怖いんですよね。

捨名　ヤバイ、ヤバイ。本当にヤバイ（笑）。僕は、言うことを聞けと言われても「冗談じゃない」と思っていたから、そろそろ勝てるんじゃないかと、自分についている神様たちを引き連れて大神様のところに何度もケンカを売りに行きましたが、瞬殺でした（笑）。１０００回、挑んだんですよ！　これは真面目に数えた。30歳から始めて、最後に終わったのが42歳。１万くらいの配下の神様の軍勢がいたので、これは勝てるぞと思ったんですよね。

そのときは、都合よく急性膵炎になって2週間くらい意識がなかったので、幽体離脱して、１万の軍勢に「おい、てめえら、行くぞ！」と言って大神様に挑んだのですが、膵臓をわしづかみにされて、２週間ぐらい意識がないまま、ずっと点滴を受けていた。それが最後の戦いでした。

望月　でも、そんなこんながありながら一回りしたら、「俺、メッチャ愛されている」と気づいたんですね、捨名師匠も（笑）。だったら、もっと甘えてみよう、みたいな。

捨名　そうですね。

望月　弟子たちにも、神様はあなたを溺愛しているんだから、もっと甘えていいと言うんですよ。それも信じる力とすごくつながっている。もちろん、自分で行動していくことはとても大切ですが、私には唯一無二の神様がついているんだ、という絶対の安心と信頼があるのとないのとでは、確かに現象の立ち上がり方がぜんぜん違うんです。

「俺、ちゃんとエネルギー出ているのかな、使えているのかな」と思っているときでも、実はちゃんと出ていて、やった相手がよくなったりする。自信がなくても、できている体《てい》でやることです。

捨名　そうそう。「体」が大事です。

望月　それがだんだん現象として立ち上がって、病気がよくなったり、こんなケースでエネルギーを使ったらこんなことが起きましたとかってことが増えていくと、エネルギーを実感できるようになり、自信もついてくる。自信がなくても使えるしできるんだけど、自信があったほうが圧倒的に効果は出ますね。

捨名　自分についている神様にお願いしたら、こんなことがありました、という弟子たちのレポートがすごいんですよ。

望月　ソルライツ・チューニングの入門編でファーストゲートを開けてもらっただけの人でも、何回かやっていたら、ガンが消えちゃいましたとかってよくあるんですけど、「君、始めて何カ月⁉」みたいな感じで、捨名師匠もびっくりすることは、二度、三度じゃないですね。

こういう奇跡を目の前で何度も目撃、体験していても、中にはドロップアウトする人もいたり、使わなくなっちゃう人もいる。それは価値をわかっている僕らからすると本当にもったいない。経済的な事情とか、家庭の事情とかで辞めなきゃいけないという人もいた。でも、それも実は引っかけだなと僕は思っていて、それがあったとしても、自分が本当はどうしたいのかをちゃんと明確にした上で、全てを天にお任せし、この道を進みたいという選択をしていたら、そういうことが可能な方法が見つかったり、絶対に現象は立ち上がったと思います。選択の自由が与えられているので、そういう意味では、ふるいにかけられている。いつか気づいてくれたらいいなと思います。

捨名師匠はよく、光と闇、神様と魔王の世界は、上に行けば行くほど紙一重、ほぼ一緒だという話をされます。

捨名　輝く光が強かったら影も濃いので。

魔界の偉い人たちがお願いをしにくる⁉

望月　最近は、捨名師匠のところに魔界の偉い人たちが行脚《あんぎゃ》しにくるそうですね。

捨名　僕がNDをやっつけまくっているから、もう殺さないでくれ、やめて、勘弁してみたいな感じですね。

――どんな感じでその人たちは来るんですか。

捨名　ワームホールを作って、そこからポーンと現れるんです。

望月　捨名師匠は「ワームホール」はエネルギーの異次元転送装置だと言っていて、それを使ってNDは次元を行き来したりしています。またチューニングする際に、ワームホールを自分でつくり、それを体の各部位につけることによって、僕らが使っているエネルギーソースから、常時そこにエネルギーが直接流れ続けるというチューニング方法もあります。

捨名　NDも異次元転送装置を使って穴をあけて、ひょいと手を出してきたり、本体も出てきたりするんですよ。

望月　宇宙戦艦ヤマトがいきなりポーンと出てくるみたいに、トイレからもいろいろなものが出てくるそうです。もちろん、トイレに限らずですが。悪さをしたやつらがいる惑星があって、弟子たちがそいつらにいじめられたりすると、捨名師匠がすごく怒って惑星ごと消し去ってしまったり（笑）。

捨名　向こうの重力バランスが崩れてめちゃくちゃになってしまったり、たくさんある並行宇宙の1個が消えたり。

望月　それで、「そういうやつらは消すのではなくて、こっちに転送してくれ」みたいな交渉をしに魔界の偉い人たちがやってくる。

捨名　消さないでと言いにきたのは、今年（2023年）に入ってからですね。

望月　あと、新年は、神様たちが捨名師匠のところに初詣というか、挨拶回りに来るとか。

捨名　お正月は、変な現象が起きます。

望月　捨名師匠はお酒が好きなんですが、直弟子たちとお酒を飲んでいると、神々の宴をやっているみたいですよね。

どのようにエネルギーを使うか学ぶことも大切ですが、単純に捨名師匠と一緒にいるだけで、エネルギーの出力が変わっていったり、神格が上がっていったりするんです。これは弟子同士で一緒にいても起こります。捨名師匠とご一緒させていただく時間が増えると、同じことを考えていたり、僕が思っていたことを捨名師匠が言ったりということがよくあります。

捨名 シンクロ率が上がるよね。

望月 思いもよらないくらいに上がりますよね。神様同士で会話してるんでしょう（笑）。

10分でガンを消した!?

望月 直弟子講座の2年コース（※現在は違う形で開講しています）を修了すると、「ソルライツ・チューニングという手法を使って調整する人」という意味で、ソルライツ・チューナーという肩書きを名乗ることができます。

捨名 「ヒーリング」はゼロに戻すのが精一杯だけど、僕らはヒーリングを超えて「チューニング」、つまり調律・調整をしています。

望月 アスリートとかシンガーがソルライツの遣い手に施術してもらうと、ゼロに戻るどころかバージョンアップして、パフォーマンスがグンッと上がってしまう。

捨名 もはやドーピングですね（笑）。

望月 普通ではあり得ない。施術家の弟子たちは、よりそれがわかるんですね。自分が施術して治らなかった人を捨名師匠が目の前でひょいひょい治してしまったり、自分でも今まで治せなかったような症状の人たちを治せるようになってしまうから、とにかくすごい、すごいと連呼します。

捨名　この前は、10分くらいで大腸ガンが消えました。

望月　ある弟子が何カ月も前から血便が出て痛みもあると聞き、最初は捨名師匠が写真越しに遠隔で施術をしました。遠隔であらかたやってくださったのですが、後日講座に参加したときにさらに直接やってもらったんです。痛みもその場で消え、血便も止まりその後、検査を受けたら何ともなかった。本人も治療家なので、自分である程度これが何の病気の症状か理解していましたが、かなりヤバイ状態でしたね。何人の弟子が師匠に命を救われたことか。

捨名　舌ガンのときは、映画のワンシーンみたいに、ガンが一瞬でシュンと消えたんです。あれには僕も驚いた（笑）。一緒に口の中を覗きこんでいた弟子も目を丸くしてたね（笑）。

望月　現象が立ち上がる時間がどんどん短くなっています。先日も、ガンのクライアントがいらして、捨名師匠が「天機切り」をやったらガンが消えてしまった。

捨名　天機切りというのは、運命のシナリオを切って解除することです。

死んで上に還るときは、この世の記憶は全部消されてしまう?

捨名　魂の状態で、魂のふるさとにいるときに、次はこんな家に生まれて、こんな暮らしをしてと、生まれてから死ぬまでのシナリオを書くわけです。人生の走馬灯みたいなものですね。それに見合うご家庭、特にお母さんを上から見繕って、オギャーと言う瞬間に、上からシュポンと魂が入るんです。

世の中で言われていることとの矛盾はものすごくあります。例えば、死んで天国に行ったご先祖様がお彼岸になると帰って来ると言いますが、帰って来られるわけがない。だから、お墓も本当は意味がないんです。あまり大きな声では言えませんが。

どうやって生きてきたかがUSBメモリみたいなものに書き込んであって、死んで上に還ったら、それを神様に報告するんです。それで、「おまえはもう一回転生だな」とか決められるシステムになっていて、上がっていくときに、この世の記憶は全部消されてしまいます。だから、三次元で生きている人たちとは全く関係なく、次の転生の準備に入るんですね。

ただ、風習として、故人を想うとか忘れないようにするというのは大事な心なので、宗教を否定はしません。

望月　捨名師匠のエネルギーを送ってもらう「ヒーリング会員」というシステムがあるのですが（編注：現在はリニューアルした「ヒーリング会員」と、生観院流二代目「生観院玉龍如意宝珠：望月龍平」による「如意宝珠会員」がある）、本人だけでなく、ご家族とかペットにもエネルギーを送ってもらえるんです。三次元的な考えですが、僕も両親の供養になればと思い、ご先祖様とか亡くなられた人の分も申し込みしようとしたら、捨名師匠はきっぱりと、「亡くなられた人には意味ないから」とおっしゃった。いや、変な話、亡くなった人に、世の中の人ってお金出そうとするじゃないですか。「ご供養です」と言ってお金をもらっておいたらいい商売になるのに、そういうことは捨名師匠は絶対しない。そういうところを見て、ああ、やっぱりこの人は本物なんだなと思いました。

捨名　だって常時神様に見られているからね（笑）。

前世の記憶がある人って、本当にいないんですよ。だって、還るときに記憶を消されてしまうのだから。生きていたときの記録だけ持って還って、上で魂の転生の準備に入る。

望月　前世がどうとか、よく言うじゃないですか。その記憶と実際が一致していたりするケースがまれにありますが、それはどういうことなのでしょうか。自分の記憶じゃないこともあるんですか？

捨名　そういうこともありますね。他人の記憶を間違えて持って来てしまったとか。まれに消しそびれたとか。

望月　なので、生観院流の弟子たちは「前世を語り出したら（その人は）怪しいと思え」みたいなところがあります（笑）。

捨名師匠は夢を壊してはいけないと言うので、僕らもあまり大っぴらには言いませんが、捨名師匠から見ると間違ったスピリチュアルは世の中にたくさんあるんでしょうね。

捨名　むちゃくちゃありますね。「大天使ミカエルを召喚している私は」とか、すごいことを言い出す人もいたりね（笑）。結構おもしろいですよ（笑）。

望月　そういうことを言い出す人は、NDのエネルギーソースとつながっていて、体や精神を病んでいる人が多いとよく捨名師匠は言います。確かにそういう人は、肌ツヤや顔色がよくなくて、隣にいるとイヤだなあという感じ。これは、僕らみたいにエネルギーを扱わない人でもわかるんじゃないでしょうか。でも、そういう人に捕まってしまい餌食《えじき》になってしまう人って、たくさんいますよね。俗に言う「エネルギーヴァンパイア」。

捨名　めちゃくちゃいるだろうね。

望月　でも本人は崇高なものとつながっていると思っている。

捨名　よく守護神（守護霊）だとかって言う人もいますね。それで僕が見てみると何もついていない。むしろ余計なものがついていることが多い（笑）。

望月　捨名師匠は、それが悪魔だったとしても、別に本人がいいならいいんじゃないというスタンスですね。

捨名　スピリチュアル系の本にはデタラメなことが書いているものが多いと感じます。そういう本に触ると冷たいんです。みんな悪魔のエネルギーです。

望月　先日、捨名師匠とYouTubeの陰謀論的な動画を一緒に観ていて「手をかざしてみな」と言われたので画面に手をかざしたら、冷たい。こんなのを見ていたらおかしくなると思いましたね。だから、YouTubeやなんかで動画を観るのも気をつけたほうがいいですよね。怖いのがそういうスピリチュアルなものがテーマの動画で、マイナスなエネルギーが出されていたりして。意図的なものも中には含まれているんじゃないかと思ったりもします。周波数系のヒーリングミュージックも、気をつけたほうがいいかなって。

そういうのに傾倒している人が来るとすごいというかヤバイんです。札幌で講座をしていたときのモニターさんは、宇宙人に入りこまれていて、チューニングし始めたら、「ピーピロパーポー」とか宇宙語みたいなのを急に話し出した。顎がカッコンカッコンと入ったり外れたり、頭蓋もメリメリ、ボコボコ動いて、まさにポルターガイスト現象でしたね。

捨名　エネルギーの刃でブスブス刺して退治しましたけどね（笑）。

望月　宇宙語なんてわからないのですが、「私は何も悪いことはしていません。助けてください」みたいな感じのことを言ってましたよね？　あれは本当にびびった（笑）。その方はガンを患っていましたね。

捨名　歯医者さんなのに手が動かなくなって困っていたので、それをお祓いしていると、奇声あげるわガンガン体動かすわ。最中はエクソシストみたいでしたね。

天機を切る、とは？

望月　人生のシナリオを持って生まれてくると言いましたが、体に障害があったり、お金ですったもんだしたりとか、何歳で大病するとか、離婚するとか、いろんなイベントがあって、それがその人の人生をものすごく縛っていますよね。

捨名師匠によると、魂のある人とない人が存在している。魂のある人はこの地球上では1億人くらいで、その大多数が日本人だということですが、魂なしの人のほうが、魂の縛りがないから願いが叶ってしまうんですよね。

捨名　努力に比例して叶うんです。

望月　それって、魂のことわり（理）じゃないですか。魂のない人は、努力に比例する。

魂のある人は、いろんなイベントの中で苦行もあったり、喜びもあったり、悲しみもあったり、そういうことが魂の磨きとなって、還ったときにアップデートされるという魂のプロセスというかルーティンがありますよね。そのシナリオ、いわば制約が外れたら、こんなに楽なことはないのになと、ずっと思っていたって言ってましたよね。

捨名師匠は、魂ありの人も、魂のない人みたいにシナリオを外してあげたら、みんな幸せになれるのにと考えていましたが、でも魂のことわりだから、そんなことは許されるわけないよなって思っていた。

捨名　御法度だろうなと思ったの。

望月　講座の中で弟子が捨名師匠に、体のこととか、メンタルのこととか、神様との歩み方とか、いろんなことをオーダーして直接施術をしてもらう機会があるんです。去年（2022年）の後半の講座で、ある女性の弟子が、自分の人生は今までこうだったけど、シナリオを書きかえてアップデートして、こんなふうに人生の設定を変えたいと思うので、それをお願いできませんかと言い出しました。

するとと捨名師匠は「ちょっと待ってね」と言ってホワイトボードの後ろに隠れて、何かされてるんですよ。その後、戻ってきたときに、「本当にそんなことをやっていいのかと迷ったんだけど、神様からＯＫが出たから」と言ってやってくれたのが、「天機切り」でした。

これを「運命の制限解除（デスティニー・アンリミテッド）」と呼んでいますが、私はこんなふうに生きていきたい、それを自分に許可し、認めますと宣言する。その制約を外してもらって、一緒にいる神様にそのようにお願いしますねと師匠が神様と契約を結んでくれるんですね。

その愛母さんという弟子は身体的な不具合もあって、首が痛くて後ろを向けないし、肩こりもひどい。万年頭痛で、頭痛薬を飲んでも効かなくなっている、と。

ところが、捨名師匠が天機切りをしたら、彼女が「アレッ、痛くない」って。本人もみんなもびっくりですよ。

捨名　漫画みたいでしたね。そんな奇跡が、講座の中で毎回起きるんですよ。

望月　中にはよくならない人もいますが、それはなぜかというと、シナリオに書いてこなかったからという場合もあります。それは別の理由で不具合が出ている。例えば加齢とか。それは加齢が原因だからしょうがないよねとか。でもシナリオに「病気になる」と書かれていたら、捨名師匠が天機を切ると、ガンが消えてしまったみたいなことが起こることがあります。

捨名　舌ガンがチュンと消えたりね。それを見られた弟子は2人だけです。

望月　捨名師匠がやっているのを見ていて、本当にフッとなくなったとその人たちは言っていましたね。

講座の中で弟子が捨名師匠に施術してもらう順番も、本当に神の采配によるとしか思えない。たまたま沖縄の弟子が「舌にプチッとしたものができていて病院の検査でもひっかかった」と言うので捨名師匠が見てみたら、これは恐らく舌ガンだと。本人にはあまりショックを与えないように言わなかったのですが、捨名師匠はその日の夜、寝ずに遠隔でガンをやっつけてくださって、翌日には炎症程度になって腫れもひいていました。

ですが、念のため病院で検査してもらうように伝え、その弟子がお医者さんに診てもらうと「炎症はあるけど、放っておいてもいいですよ」と言われたそうです。

あとは、悪性リンパ腫が消えた人もいました。その人はもともとリウマチの症状があり、弟子になったばかりの頃は、かなり歩行困難でしたが、それはかなり改善していた。たまたま捨名師匠に見てもらう機会があって。このときもあまり本人に心配をかけないように、「こっそりやっておいたよ」と。

捨名　自分で言うのもなんだけど、すごいんですよ。神様がやるので、他人事と言えば他人事ですけれど（笑）。

望月　直弟子講座が始まってから、みんな神格とか、出力とか、治せる力とか、エネルギーの次元がどんどん変わっていったんですけど、一番変わっていったのは捨名師匠です。以前だったら、ある程度時間がかかったり、場合によっては治せなかったりしたような症状でも、あっという間に消してしまうようになったのは、弟子に教えること、弟子の面倒を見ることで、捨名師匠が一番神様からのエネルギーのご褒美をもらっているのだと、弟子たちとよく話しています。

旧約聖書の「ヨブ記」に書かれていること

望月　「神様はいるんだよとか、悪魔はいるんだよということをきちんと伝えると、神様は喜ぶよ」とよくおっしゃっていますが、それはなぜですか？

捨名　目に見えているものと、目に見えていないけれども真実だということが、本当の宇宙の真理だということですね。それに近いのは、旧約聖書の「ヨブ記」。神様と悪魔が「ヨブは神様を信仰しているからあんなに幸せなんだ」と話している。その信仰がどこまで耐えられるか、ちょっと意地悪してやろうかということで、女房も子どもも悪魔に殺されてしまったり、どんどん貧乏になっていったりするお話です。つまり、「地球人よ、自分たちの存在をちゃんとわかっておけよ」というメッセージだと思うんです。

望月　正しく伝えてほしいということですね。まがい物が本当に多いから。捨名師匠にとって弟子を育てることは神託で、その弟子たちも神託で集まってきたのですが、捨名師匠自体はガチガチに神託で縛られているんですね。

捨名　先程も言いましたが、弟子たちをミスリードできないからですね。

望月　僕らは現時点ではまだ自由意思に任せられている領域が多いので、ある意味どっちに転がるかわからない部分がある。そういう意味ではソルライツの理念とビジョンを大切に自分の中に持っておく必要がある。でも捨名師匠は弟子たちに本当に惜しげもなくいろんなことを教えてくれちゃう。「ちょっと待ってください。教えすぎですよ！」ということも多々あるんですが、とにかく気前がいい。

それに、師匠は神様から頭を叩かれながらやってこられたけど、そういう苦労は自分だけでいい、弟子たちにはつらい思いをさせたくないという思いから、できるだけ苦労させないように導いてくれています。

捨名　簡単にお金を稼げる方法も教えてあるし、最近は、幸せの近道を教えるのが自分の仕事かなと思っているんです。

施術例：イスラエルの兵士

捨名　イスラエルのバイオフィードバック学会に行ったときに、たまたま軍で起きてはいけない事故が起きたんですね。フル装備で荷物を何十キロも担いだまま時速60キロで走っているトラックから飛び降りて、そのままほふく前進するという訓練があって、そのときに1人の兵士が首の骨を複雑骨折してしまった。

それで、僕はすごい大きな病院の集中治療室に連れていかれて、ひょいひょいと治したんですよ。その兵士は魂が抜け出てしまっていたので、それを戻して、神経系を全部つないで、骨もくっつけました。「僕の言うことが聞こえたら、手を上げてください」と言うと、その兵士は首の骨を複雑骨折しているのに手を上げた。見ていた人たちは、驚いて絶叫していましたが、数分で治ってしまったんです。

望月　その映像が残っています。向こうの国営テレビでも放映されました。

捨名　その兵士は、その後、パラリンピックの水泳選手になって日本に来ました。

なぜその兵士に死なれたら困るかというと、イスラエルという国は全員家族みたいなもので、徴兵があって男女とも必ず軍に行きます。誰がこんな訓練を考えたのかと突っ込ま

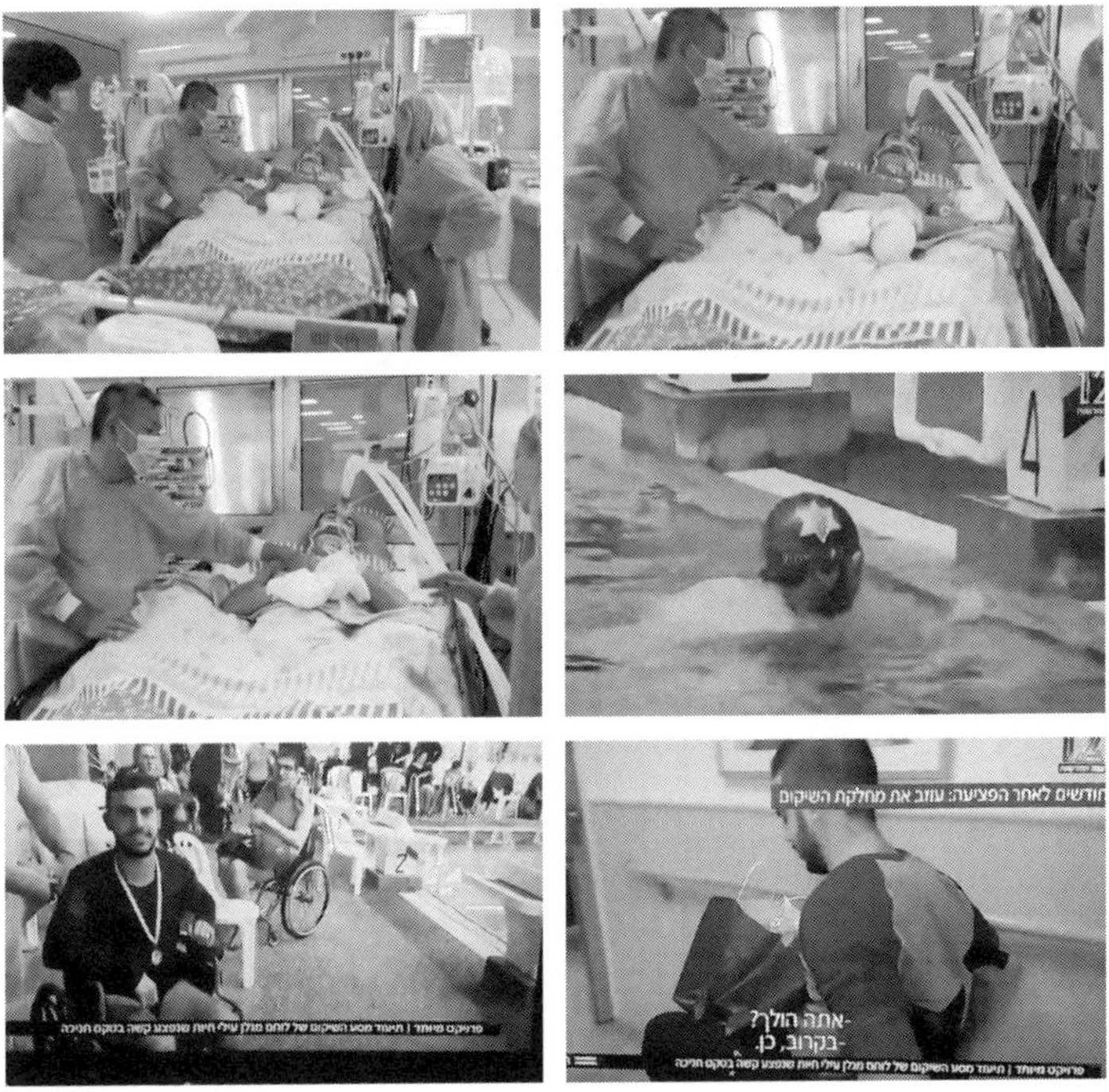

集中治療室での数分の施術で手が動くように。そして彼はその後、水泳のパラリンピックに出場するまでに回復し、車椅子も自分で動かしている

れると世論が怖いし、その兵士のご両親は軍に顔がきくような人だったので、将軍が困ってしまったわけですね。

たまたま僕がイスラエルにいて、病院に連れていかれて、兵士を治した。

——テレビではどうやって治ったことになっているのでしょうか？

捨名 奇跡。

望月 放送の中では捨名師匠のことは言っていませんよね。

捨名 言ってないですね。

望月 僕より前に捨名師匠のお弟子さんになっている方たちにはお医者さんも結構多くて、「この患者なんですけど、どうですか？」と、こっそり相談がきたりします。

施術例：インドネシアのデザイナー・大富豪

望月 エリザベス女王のデザイナーをされていた、インドネシアのハリー・ダルソノさんという方が難病で長年苦しんでらっしゃいました。プライベートジェットを何機も持っているような大富豪なので、あらゆる治療をやったけれども全然治らなかったそうです。悪いときには全身の痛みでほぼ寝たきり。何とかしてほしいと捨名師匠に依頼があったんです。

僕もＺｏｏｍで立ち会わせてもらいましたが、１回目はほんの数分で「ああ、楽になりました」とおっしゃるので、それで様子を見てもらうことにしました。

ですが、夜になってまた痛みが出てきたと連絡があったので、「じゃ、もう一回やりましょう」ということで再びＺｏｏｍ越しにチューニングをしたら、痛みが完全に消えてしまった。

するとハリーさんは画面越しにボロボロ泣き出したんです。本当につらかったんでしょうね。体が健康でないと、なかなか幸せにはなれないんだな、どんなにお金があってもとそのときすごく実感しました。

その数日後、２０２０年の暮れだったと思いますが、クリスマスパーティーの映像が送られてきて、何とハリーさんが立って踊っていたんですよね。

捨名　そのパーティーはハリーさんが起きられるようになってから2日後に開催されたのだと言っていましたね。

施術例：元プロ野球選手

望月　もう引退された方ですが、当時現役のプロ野球選手を施術されたこともありました。

そのクラスの選手になると、専属のトレーナーや治療家がついているものですが、どうにも治らず、どこからか捨名師匠の噂を聞きつけて依頼が来たそうです。ある大記録のかかった試合の直前、満身創痍で出場すら危ぶまれていたのに、ヒットを打ったり、その後もホームラン打ったり、試合にも出続けていた。僕はその選手の大ファンだったので、やっぱりこの人は本当に、すごい人だ！　と思っていたんですけど、後で師匠から、「あれ、実は僕がやっていたんだ」と聞いてめちゃくちゃ驚きました。

施術例：武道家の弟子

望月　大阪で治療院をやっている中野文武さんというお弟子さんのエピソードもすごい。彼は全日本レベルの試合に出ている武道の高段者なのですが、稽古中に膝に乗っかられて大けがをしてしまったんです。捨名師匠にチューニングをしてもらって、膝の靭帯はまだつながってないのに、普通に歩いて試合をやっている。

捨名　病院はびっくりしますよね。

望月　レントゲンを撮ると靭帯は切れている。でも、普通に歩いているし試合にも出ている、痛みもない。それはなぜかと言うと、捨名師匠は別の次元で治していて、そこに現象が追いついてくるみたいなことがあるんです。

――それはいわゆる幽体を治す、といったことでしょうか？

捨名　そうですね。

望月　人間には、魂と肉体と幽体があります。僕はまだ見えませんが、どちらかと言うと、身体感覚でいろんなことを感知する。それは結構個人差があって音で聴こえたりする人もいる。僕もたまにはっきりと声、音として聴くことがあります。捨名師匠の場合は幽霊も見えますし、それだけじゃなくいろんなものが見えちゃう。体をスキャンして見ることもできるし、見るだけじゃなく、神様ともハッキリ会話する。弟子でも見える人が何人かいますが、例えば幽霊が向こうから歩いてきて自分の幽体にぶつかったりすると、そこがひずむというか、ズレてしまうんですよね？

捨名　半分千切れてしまうんです。

望月　そこから体の不具合が始まることもあるので、それをチューニングで整えたりもします。

捨名　けっこうあるんですよ。

望月　あと、甲子園球場は「てめえ、この野郎、下手くそ、死ね！」とか、言葉のネガティブなエネルギーがすごくてイヤになるとおっしゃっていますよね。

捨名　エラーなんかしようものなら、5万人から「バカヤロー、下手くそ、死んじゃえ」とか、念が飛んでくる。ホントにひどいですよ。そうすると、体がおかしくなったり、急にだるくなったりします。

望月　それこそ、うつとかになりますね。

頭頂に手をかざしてやる、生観院流のソルライツ・チューニングの「基本のキ」の手技（P121参照）があるのですが、これでストレスケアしてあげるだけで、病気の原因の7割は解消されると、捨名師匠はよく言います。

マイナスのエネルギーが体の中に滞留している状態を取り除いてあげるだけで、全然状態が変わってくるというのは、そういうことなんでしょうね。

例えば、誰かの心ない言葉が心の傷としてずっと残っているような人は、そのマイナスな言葉の刃とか矢みたいなものが本当に刺さってるんですか？

捨名　その通りです。

望月　そういう人に、愛のある言葉であったり、ソルライツのエネルギーを照射してあげるとどうなりますか？

捨名　蒸散して消えてなくなります。

望月　すごい。

捨名　だから、神様がくれた麗しい口から、汚い言葉は吐いちゃいけないんですよ。

パワースポットは悪魔の巣窟？　行ってはいけない理由

望月　話は変わりますが、弟子たちは、パワースポットには行くなと言われています。
捨名　パワースポットと言われているところに行くとふらっとするのは、あれは悪魔の巣窟だからなんですよ。行かないほうがいい。そもそも神社には神様はいないんです。めったにいませんね。
望月　僕も以前はパワースポットが大好きでしたが、その話を聞いてからは行かなくなりました。
捨名　ネガティブエネルギーを思い切り浴びてしまうんです。
望月　特にここはヤバイから絶対行っちゃダメという神社の写真をスマホ越しに手をかざしたら、悪寒が走った。アレは本当にやばかった。
　それとは逆に昨年（2022年）末、お稲荷さんの総大将みたいな神様が、自分たちの神格を上げてほしいと、捨名師匠のところに挨拶にきたと言ってましたね。そのお稲荷さんたちの神格を上げてやるかわりに僕も首にぶら下げていますが、このコインを持っているのはうちの弟子だからよろしくねと、伏見稲荷の総大将に捨名師匠がお願いしてくれたんですよね。

これは捨名師匠がデザインしてくれたコインで「陽門銭（ようもんせん）」といいます。エネルギーの補助具として僕らは使わせてもらっています。入門編の講座に来られた方には、捨名師匠がエネルギーを入れて、おまもりとして差し上げています。このデザイン自体が宇宙のデザインで、模様自体に意味があり、ものすごくエネルギーが集まりやすく設計されています。

捨名　魔方陣みたいなものですね。

望月　これを身に着けていると、もちろんお守りにもなりますが、柔軟性とか筋力が変わるのが体感できます。

捨名　試してみますか。前屈をしてみてください。

（捨名師匠が十円玉を2個持って、その上で指をパチンパチンと鳴らす）

普通の人には見えないけれど、これに魔方陣がついているので、この十円玉を両手で包

陽門銭

生観院捨名師の強力な
Sol Lightsエネルギーが封入された
Sol Lightsエネルギージェネレータ(発生源)です。
エネルギー発生力を強める特殊な文様が
デザインされています。

んで10数えてください。

（担当編集が10数える）

その十円玉を1個ずつ、親指と人差し指の間に軽く挟みながら、もう一度前屈してください。軽くなったでしょう。

――軽い！

捨名　腕相撲すると、力も強くなっています。

――これは、陽門銭と同じエネルギー、同じ効果があるということですか。

望月　そうです。厳密に言うと同じエネルギーが入ってますが、効果は陽門銭と比べたら明らかに違います。

捨名　神様のデザイン、設計だからね。そりゃ、違うよ。

望月　そうなんですよね。入門編の講座に出られた方にサラッとお渡ししてますけど、実は陽門銭は本当にすごい。

捨名　そんじょそこらの悪魔ぐらいだったら、コレみると逃げていきます。

――これを持つと、温かくなるのがわかりますか？

わかります。

（速記者も試してみる）

――すごい。前屈したらべったり手が床につきました。これはずっと効果があるんですか？

捨名 期限は設定できます。このコインの効果はずっと続くようにしておきますね。

――十円玉がいいんですか？

捨名 本当は十円玉よりは五円玉がいいですね。穴の開いているもののほうがエネルギーが入りやすいんです。

（ヒカルランドの石井社長も試してみる）

石井 コインを持った時点で目が開いている感じがします。

望月 敏感な人は、持った瞬間に体幹が整うのがわかるんですよね。

石井 持っているだけで体にエネルギーが入ってきます。

捨名 身に着けておくとお守りになるので、大事に持っていてください。

施術例：歌手を治す

望月 元クリスタルキングの田中昌之さんは、28年前、草野球中にノドにボールが当たってしまい、日本一のハイトーンボイスと言われていたのに高音が出づらくなってしまった。

何回かチューニングをしてもらっているうちに、高い音が出やすくなったのと声に艶が加わりましたね。

また、バンドマンは大音量で音を聞いているので、だんだん耳が悪くなり、耳鳴りもあった。捨名師匠が話しながら施術したら、「あれっ、耳鳴りがおさまっている。気持ち悪い！」と言っていましたね（笑）。田中さんも捨名師匠からコインをプレゼントしてもらって、ずっと肌身離さず持っていますよ。先日もライブに出演されていましたが、今まで一番うまくいったとおっしゃっていました。僕自身も、ものすごく感動したんですけど、毎回ライブに来られている長年のファンの方が、何も言っていないのに、「今日、今まで一番良かった。何か違った」とワザワザ言いに来られたそうです。

これはチューニングによって声のヴァイブレーションが大きく変わってしまうからなんです。音は耳からだけじゃなく、聴いている人の細胞全てを震わせるので、届き方が全く変わってしまう。だから、ものすごい感動が生まれるんですよね。

捨名　声のイップスの人もいましたね。局所性ジストニア。

望月　その方は歌手ですが、NDのせいで数年前から声がおかしくなった。野球選手がボールを投げられなくなったり、ゴルファーがパットを打てなくなったり、自分の意思に反して筋肉がけいれんしたりする症状を「イップス」というのですが、イチローさんも一時期そういうときがあったと聞いたことがあります。この方の場合は、声帯が自分の意思に反してけいれんしてしまうので、ずっと裏声でお話しされていたんです。
捨名師匠が「今日、治って帰りたい?」と聞くと、「もちろん治って帰りたいです」と即答され、本当に帰るまでに治ってしまいました。
捨名 彼女がそのような状態になったきっかけは、スコットランドのエジンバラの演劇祭に行って、古い教会で日本の怪談みたいなことをパフォーマンスでやった際に、そこでNDをもらってきてしまった。
望月 捨名師匠が「声がおかしくなるちょっと前に海外行きませんでしたか」と訊いていましたが、捨名師匠には洋モノのNDが見えていたからなんです。それから7~8年苦しんでいたのが、チューニングしてもらったら声のおかしな震えが治っちゃったんです。
捨名 チューニングした後に歌ってもらったんだけど、曲の中でも本人がどんどん変化していって、「私、こういうふうに歌いたかったの」という感じで歌いあげて。あれは感動的でした。イップスは、ほぼNDの影響を受けています。
望月 彼女が長年苦しんでいたことも、アーティストとしての表現という面では、何とも言えない味になっていて、これはこれでよかったのだと思います。でも、捨名師匠に出会っていなければ、そうはならなかった。師匠と出会ったことによって、ソルライツと出会ったことによって、本当の意味での彼女のアーティスト活動、そして彼女にとっての本当の人生が始まったんだろうと思います。

地球の憂鬱を晴らす、とは？

望月　捨名師匠があちらに還るつもりでいたのが、「そうじゃないぞ、これから始まるんだ」と、僕との出会いから弟子を育てていくことになった。自分のやるべきことはこれだったのか、という確信みたいなものが、捨名師匠の中にあったと思うんです。

捨名師匠は、最初のころから「地球の憂鬱を晴らす」と言っていたんです。でも、憂鬱程度の話だったら、ちょっと軽く聞こえるじゃないですか。「このエネルギーを使える人を増やしていき、地球の憂鬱を晴らしていくことが大切なんだ」と捨名師匠がおっしゃっていて、それはそうだろうなと思いながらも、言葉としては、ものすごくライトだから、そこまですごいことをやっているという自覚が、正直、最初のころはなかったんです。ですが、「憂鬱を晴らす」というのは、実はものすごい意味合いがあることが日々、理解が深まってきました。ソルライツでは「地球瞑想」という地球の憂鬱を晴らすためのワークを非常に大切にしていますが、これについて詳しく説明していただけますか。

捨名　手のひらの上に地球をポンと出して、それがあると思って、手を添えて、南極点から北極点へエネルギーを循環させるんです。人が吐いた汚い言葉とか、思念などが成層圏に溜まっていて、そこから出ていけずにいるんです。例えば、今も行われている戦争で、毎日、人が死ぬじゃないですか。そういうのが地球から出ていかない。普通にきれいな目を持った人が、例えば月から地球を見ると、地球は真っ黒なガスで覆われているので、これを晴らそうということです。

望月　これをやる人が増えると、ちょっとずつ晴れる。でも、また溜まってくる。さっき捨名師匠は、五世代、六世代後には、争いのない世の中になっているかもしれないねとおっしゃいましたが、最近、弟子や、このエネルギーを使える人が増えたことで、地球を覆っていたもやが、だんだん晴れつつあるんですよね。

捨名　そう。でも、まだまだ。毎日の生産量がすごいですから。だから、このエネルギーを使える人が増えていくこと。そして、その人たちが毎日この地球瞑想をしてくれたら、本当に争いとかがなくなっていくんですよ。そうしたら僕たちが天に還って五世代、六世代先にはそういう世の中になっている。

望月　そういう世の中を、子どもたちに、ちゃんと遺していこうというのが我々ソルライツ・アソシエーションの目的です。

地球瞑想というのは、地球を癒やすために行うのですが、そこに生を宿している我々も浄化されていく。

捨名　お試しに、できるようにしてあげましょうか？

――ありがとうございます！

望月　今から捨名師匠にやってもらうのは、「ゲートオープン」です。これをやってもらうと、ソルライツのエネルギーを使えるようになります。赤ん坊のころはこのゲートがちゃんとつながって使えていたのが、成長過程でだんだん閉じていってしまい使えなくなる。それを再びもといた魂の故郷とつなぎなおしてもらうことで、本来の力と本来の自分を取り戻していく。これが入門講座で一番最初に受けてもらうワークです。

（担当編集、ファーストゲートオープンを施してもらう）

捨名　目を閉じて、楽にしていてください。お名前を教えてください。

――石田ゆきです。

捨名　手からエネルギーが出てきています。指先がチリチリするのがわかりますか？

――はい。

望月　（捨名師の施す様子を見て）わ、すごい。

――え、何ですか。

望月　石田さんは今、特別に魂に名前をつけてもらっていました。

捨名　普通は魂というのは名前がないんです。そこに、「生観院ゆき」と書いた。

石井　もうお弟子さんになっちゃったということですか？

捨名　はい。

――名前を書くことによってどうなるんですか？

捨名　パワーが爆上がりします。例えば、「エネルギーが最高に出ている。肩こりを治してあげてください」とイメージして石井社長の肩に手を当ててみてください。

（石井社長の肩に手を当てる）

石井　ウワー、来るよ。

捨名　ポワンと温かくなりませんか？

石井　なりました！　ヒーラーになっちゃいましたね。熱い！

――ありがとうございます。これは一度使えるようになったらずっとそのままですか？

捨名　ずっと効きます。

石井　新しい道が見つかるかもしれない（笑）。

望月　生観院流としては、このエネルギーを使える人を増やして、みんなが幸せになれる世の中を実現するために着々とやっています。
日本人はいい人が多いから、自己犠牲になりやすい。でも、神様は自己犠牲が嫌いなんです。まず自分が幸せになるんだよと、捨名師匠は弟子や講座に来られた人たちによく言うのですが、本当にそう思います。

捨名　自己犠牲が美徳だなんて思うのは絶対にダメです。神様が自ら不幸になっていく人を見たら、自分が幸せにならなくちゃダメなのに、「あんた、何やってるの！」と思いますよ。

このエネルギーを使って子どものやりたいことをサポートする方法

望月　お子さんが神様に一番近いというのは、イヤなものはイヤ。でも、これをやりたいと思ったら、地団駄踏んだり寝っ転がったりして何が何でもやろうとする。自分の好きなこととか楽しいことには夢中になったり。あれは本当に神様的だなと思うんです。
でも、成長過程において、まわりに合わせなきゃいけないとか、人に迷惑をかけちゃいけないとか、人のためにやらなきゃいけないとかって周りの大人たちから言われる。そうじゃなくて、まず自分がうれしいこと、喜ぶこと、楽しいことにエネルギーを注ぐと、神様は一番喜んでくれるし、どんどん応援したくなるんです。その辺りの間違った先入観を手放すために、捨名師匠はどんどん弟子たちを諭していきます。すると、弟子たちはだんだん自分の喜びに忠実になって、みんな子どもみたいな感覚になっていくんです。

捨名　そして、みんな幸せになる。

――子どもが自分のやりたいことにエネルギーを注ぐのは、今の日本では難しいとも感じます。

望月　ゲートを開けてもらった人たち向けの講座をスタートさせたのですが、仙台の三森弥生さんというお弟子さんが、「ママと子どもたちのための講座」を企画しました。例えば、子どもの体調不良にエネルギー的にどう対処するかとか、精神的に不安定だったり、ドキドキしたりした際に、エネルギー的にどうアプローチしてあげればいいかということをレクチャーしたり、そういう講座を開催しています。

お子さんへのチューニングの一例として、名古屋の久実さんというお弟子さんの小4のお子さんが囲碁をやっていて、かなり優秀なのだけど、自分より年上の中学生と対戦すると3位までが限界だった。「ソルライツ・チューニングは子どもの能力開発に効きますか？」と聞かれたので、捨名師匠はそのお子さんの脳にエネルギーを送ってあげるように伝えました。すると、これまで越えられなかった壁を越えて、県代表になれたそうです。

子育てにおいて、どうしても親御さんは自分の理想に子どもを当てはめようとしますが、子どもの魂は親とは別もので、子どもには子どもの喜びがあります。プロゴルファーになりたいとか、歌手になりたいとか、いろんな夢があると思うのですが、このエネルギーを使って、子どもの本当の願いをサポートできたら、すごくいいと思うんです。

捨名　子どもって、本当に授かりものなので。

望月　それに、神様は子どもがすごく好きなんです。

――それをソルライツ・チューニングでは、どのようにやるのですか？

捨名　お子さんが寝ているときに、頭にエネルギーを通してあげるだけです。あとはエネルギー任せ。それと子どもさんをソルライツのエネルギーを出しながら、たくさんハグしてあげる。

望月　すごく簡単でしょう！

捨名　この後、何をしようかなとか、ごはん何作ろうとかそんなこと考えながらでもいいんです。また、このエネルギーは使えるようになると色んなことに活用できるんです。イメージすると現象が立ち上がりやすくなる。

望月　推しのアイドルグループがいて、そのイベントの抽せんに受かりますようにとエネルギーを使って、全部当せんさせた円ちゃんという弟子もいます（笑）。その子は、くじ引きで自分が当たりを引くようにイメージしてみたら、全部当たったんですよと言っていました。

病気とか、体の不具合だけじゃなくて、なりたい自分になるとか、本来の自分になるためのサポートをしてくれるエネルギーなので、それこそ縁結びとか。捨名師匠のご友人が事業がうまくいかなかったときに、捨名師匠がチョチョイとやってあげたら、いきなり3件契約が決まった。

捨名　あのときは、その人の家にたまたま遊びに行ったんだけど、家のまわりにNDがたくさんいたんでお祓いもしてあげたんです。

——すごい。

捨名　今の弟子は本当に優秀なので、このくらいのことはみんな簡単にできます。

望月　この間、僕のセッションを受けた方が直後、宝くじで数十万単位ではありますが当たったとうれしい報告がありました。

捨名　ご縁をつなぐやり方もあるんです。エネルギーが常に出るようにしておいて、白い糸の束をブスッと刺しておく。

望月　ご縁の糸は、赤じゃなくて白なんです。

捨名　糸には意思があって、そこへシュポーンとつかまえに行くんです。１０００本以上ありますよ。その中から一番いいのを引けばいいんです。

自分の神様は移動する？

望月　去年（２０２２年）、札幌で直弟子の合宿を行った際に、懇親会で歌を披露してもらうために来てもらったヴォーカリストの吉田純也くんに、翌日の講座でのモニターに協力してもらいました。このエネルギーがパフォーマンスにどのように影響するかを観測したかったのですが、チューニングを重ねていくと、どんどん声が変わっていって、本人も自分の声の響き方が最初と全然違うのでめちゃくちゃ感動していました。

また、東京へ戻った翌日に彼から連絡が来て、「恐らくこのエネルギーの影響だと思うのだけど、個人レッスンのオファーがいきなり30件くらい来た」と言うのです。その後も、ミュージカルの音楽監督のオファーが来たり、ビッグミュージカルのオーディションを通過したりと、多分収入が3倍くらいになってます（笑）。本人にそう言うとニンマリします（笑）。

実は、僕が捨名師匠から最初につけてもらった神様は3000御柱だったそうなのですが、そのうちの2番手の神様が彼のところに行って、後押ししてくれたんだそうです。何で吉田くんに、いきなりオファーが殺到するようなことが起きたのか捨名師匠に見てもらったところ、「龍平についていた神様が勝手に彼のディープゲートを開けて、Vサインしていたよ」と言うんです。

僕からすると神様が1人減ってしまったわけですが、彼とは仲がいいし、応援している仲間なので僕はうれしかったんです。

それは自分についてくれている神様が減ったとかではない。人生の歯車があるとしたら、神世の歯車で回り出した。捨名師匠に「彼のほうに行った神様も、僕のことが嫌いで移動したんじゃない。向こうに行ったとしても僕のことが大好きですよね？」と聞くと、「もちろんそうだよ」とおっしゃったので、神様のシナリオの中では、彼についていってくれることが、これから始まることに必要だったのだなと腑に落ちました。その後、一緒にヴォイス・イノベーションという声に関するワークショップを彼とやり始めましたが、これが本当にすごい。一回のレッスンでキーが3つ、4つ上がるのは普通のことで、他には彼のようにお仕事が増えたり、人前でしゃべってもまったく緊張しなくなったり、願望が実現しやすくなったり、そういうお声はたくさんいただいております。

――吉田さんについていった神様は、もう戻ってこないのですか？

捨名　来ないですね。彼にずっとつきっ放し。24時間、溺愛していますからね。

望月　神様同士で、よっしゃ、この作戦で行こうか、みたいな感じなんでしょうね。神の計画。

おもしろいなと思うのは、3000の神様をつけていただいて、一番上の神様が入れかわることがあるそうなんです。一番神格の高い神様が一番上というわけじゃなくて、最高顧問みたいな感じで横にいらして、僕が本当にうれしいこととか、お金とかに関係なく、とにかくワクワクして前のめりにやりたくなる何かだと、その神様が「俺にやらせろ」みたいな感じで入れかわってくるんです。

それは自分でも感じるんですよ。こんなこと言ってると変な宗教みたいに思われるかも知れませんが、いわゆる〝ゾーン〟みたいな感じです。自分じゃない感じ、あふれでてる感じ。こういうときって、無限に言葉はあふれでてくるんだけど、自分でしゃべってないというか。そして、あんまり覚えてない。実は大事なのは、世のため人のためということよりも、自分が喜ぶことかどうか。それは、結果的に神様も喜ぶし、世の中のためになったり、まわりの人が幸せになったりする。だから、やっぱり自己犠牲は美徳じゃないんだよなと、最近、つくづく思いますね。

捨名師匠は、あまり事細かに話すほうではないのですが、つき合いが長くなってきて、捨名師匠と大神様が「そろそろこれは話してもいいかな」とOKを出すと、「実はね」という感じで、深いところを教えてくれることがあります。聞く側がそこまでのことがわかっていないと、話したって意味がないんですよね。

捨名　神ワザも、全部ライセンシングなんです。神様が、このわざは使っていいよって許可を出さないと使えない。

――それはお弟子さんもそうなんですか？

捨名　そうですね。だから理屈が、つじつまが全部合っているんです。

子どもを授かるメカニズム

望月　今、世の中では、不妊治療をされている方がとても多い。弟子の奥さんとかでも、何年も不妊治療をされている方がいたんですが、一発で懐妊させています。

捨名　そんなのはマッハです。

望月　愛丸という弟子は、「私、子宝チューニングできる気がする」と思ってやってみたら、一発で着床させました。

もう1人、福岡の弟子の御名産如さんは、子授かりヒーリングをやりたいとずっと思っていたけれども、「自分にできるのかしら」となかなか勇気を出せずにいました。「信じる力が大事だから、できるという前提でやったほうがいいよ」とアドバイスをしても、「一例、成功してから『子授かりチューニング』を打ちだそうと思います」と言う。

すぐに始めてしまえば現実は立ち上がるのになと思っていましたが、後日わかったのが、一年前にチューニングしたクライアントさんが一回目のセッション後に妊娠、そしてもう生まれているという連絡があったそうです。「龍平さん、私できてたみたいです」って（笑）。僕も「ほら、言ったじゃん」って（笑）。

神様も、信じてもらえると俄然やる気が出て、「任しとかんかい！」となるみたいですね（笑）。

捨名　まったくそのとおり。

――子どもを授かるメカニズムを教えていただけますか？

捨名　そのご夫婦に合う魂を、縁でビュンと結んでおくだけです。

卵管とか卵巣とか子宮の状態を、ほぼ自然の状態に戻してあげる。pHを正常にして、無菌状態にして、「骨盤内臓、正常になーれ」と言ってエネルギーを送ったらそうなるんです。その後に、入る魂を決めて縛っておくと、勝手に着床して、シュポンと入る。

――指をパチンと鳴らすのは、どういう合図なんですか？

捨名　ターゲッティングです。エネルギーの膜を張って、そこに思念を送り込むだけなので、必ずターゲッティングしないといけないんです。パチンと音がしなくても、かするだけでも大丈夫です。最初のうちは、「エネルギーをちょうだい」と言いながらターゲッティングすればいいんです。

――もらってきて、結びつけるだけですか？

捨名　そう！

望月　ここにこういう現象を立ち上がらせてください、と。

九州で建築関係の経営者でもある大地土皇というお弟子さんが、捨名師匠に「ある物件を買いたいんですが、事故物件なので、どうしたらいいですか」と相談したら、「そんなの簡単だよ」と言って、霊的被害が全くない状態にクリーニングしてくれたんです。相場よりも全然安く買えて、本人はラッキーでしたね。

――実際に体に触れてエネルギーを通すこともあるし、エネルギーを持ってきてつなぐこともある。やり方がいくつかあるんですね。

望月　生観院流のすごいところは、「自分流でいい」ということなんです。

捨名　決まりがないからね。

望月　爆弾を放り込んでエネルギーで爆発させ浄化するというイメージでやっている爆弾魔みたいな弟子がいたり（笑）、掃除機でマイナスなエネルギーを吸い取るイメージでやっていたりする人も。イメージしたものが立ち上がるんだよと捨名師匠が教えてくれているので、イメージした者勝ちなんですよ。

医者も苦慮する花粉症、エイズにも効果あり⁉

望月　モニターで来られた方が、2度目のコロナワクチン接種後、調子が悪くなったとおっしゃっていたんですが、施術したら本当に一瞬で症状が改善しました。息を吸えなくなっていたのが、「あっ、めちゃくちゃ吸えます！」ということで、肺活量を調べたら普通の人より増えていました。

捨名　1000㎖もなかった人が、4000を超えていましたね。

――体の機能を回復させたり、新品にしたりするというのは何となくわかったのですが、シェディングにも効果があるとのこと。それは、どういうメカニズムなのですか？

捨名　簡単ですよ。結局、注射で体に入れることで、RNAにダメなタンパク質をつけられてしまうんです。入れたものが持っている情報が体の免疫とくっついて、これが入ってきたらやっつけるんだよと教えて、それによって抗体反応が起きる。抗原が入ると抗体反応が起きて、そこをやっつけにいくというシステムを切ってしまうわけです。ここの情報を消してしまう。なので、病理学や生理学を勉強しておいたほうがいいんです。

望月　僕の花粉症も治してもらったのですが、杉の産地によって花粉の質や形、それに対する体の反応が違うから、花粉症は結構厄介なんです。捨名師匠に根気よくやってもらったら楽になって、去年の途中から花粉症の症状が出なくなりました。

捨名　まずは抗原、抗体、あとは炎症、これを全部セットで繰り返し消していくだけです。抗原と思ってターゲッティングして、それをまず消して、できている抗体と思って消して、炎症と思って消す。簡単ですよ。

望月　超シンプルですよね。花粉は毎年微妙に違うでしょうから、若干厄介だとは思いますが。

また、実名は伏せますが、某国の王族の方のエイズも治したことがあります。エイズになってしまったと言って捨名師匠のところに来たのですが、施術後に血液検査をしたら異常なし。

捨名　そんなのはいっぱいありますよ。

――ソルライツ・チューニングでも改善しにくい症状とか、治らない病気というのはありますか？

捨名　天寿天命くらいですかね。あとは、「目」と「歯」。歯は、歯医者に行ってください（笑）。目も本当はできるんですけど、ものすごく手間がかかる。エネルギー効率が悪いんです。

イスラエルのハイファ大学教授の生後４カ月ぐらいの息子さんが、瞳孔の形がおかしくて片目が見えない状況だったんですね。日本に来たら治してあげると言ったら、本当に家族で来たので、仕方なくそれは治してあげました。目はクリスタルなので、エネルギーが抜けていってしまうんですね。

望月　弟子には「目と歯はできないからと断るように」とか、「大病の人を引き受けると、特にご家族の理解を得られないとトラブルになりやすいので気をつけるように」など、余計な苦労をしなくて済むように現実的なアドバイスもしています。

捨名　ヒーリングの域を超えているので、弟子たちには、ガンでも何でも治せるようにはしてあげるけど、基本的にはやるなと言っています。

望月　弟子がそういう人を連れてきたときは、「この人は君にとって大切な人？」と、捨名師匠はちゃんと聞いて、奥さんとか親御さんだったら、「しょうがねえな」と言ってやってくれるんです。でも、そうじゃない場合は、あまり引き受けないようにと。まず自分が幸せになることが大事ですから。

捨名　僕の弟子はみんな優秀だから、みんな僕と同じことができますよ。どこに出しても恥ずかしくないくらいすごいです。ヒーリング界のスーパースター達ですね。

望月　生観院流の中で大事な考え方だなと思うのは、みんないずれあっちに還るわけだし、肉体の終わりが終わりじゃない。三次元の考え方が身につきすぎちゃっていると、死は負けとか、病気に勝たなければいけないと思うけれど、そういうことではないんです。

捨名　死が迫ったときにそれを受け入れる準備は必要です。病気はアクシデントです。

――シナリオに書いてなかったのに病気になるというのは、どういうことなのですか？

捨名　全身ガンの27歳の女性の天機を切ったら、3年半元気に暮らして、そろそろ還るところです。そうシナリオに書いてありました。

重たい病気、不愉快な病気、不定愁訴は、たいていNDのしわざです。

望月　アトピー、リウマチ、うつは、ほぼ100％関係がありますね。

捨名　うちの弟子以外に、ちゃんとお祓いできる人を僕は見たことがないですね。

――NDはいろんな場所でついてきますが、それがつかないようにすることはできますか？

望月　エネルギーが使えるようになったら、自分でシールドをすればいいんです。家とかオフィスとかもそうだし、自分自身にもバリアを張れる。クライアントさんからのそういうご依頼はとても多いですね。

捨名　今、この部屋からネガティブなエネルギーを全部抜きますよ。

（指をパチン、パチンと鳴らす）

明るくなったのがわかりますか。

望月　はっきりわかりますよね。

捨名　明るくてしようがないでしょう。4Kくらいになる。（ツマミを調節するようなしぐさ）このくらいにしておこうかな。

――捨名先生は調光器みたいですね（笑）。

捨名　変なエネルギーがちゃんと抜けていくように。

望月　クルマの燃費が大幅に変わりましたね。講座のときに、大阪まで荷物を載せて車を運転していくのですが、最初はガソリンの目盛りが1つでギリギリだったのに、今は4つくらい残っているんですよ。おかしいなと思って、師匠に言ったら、「龍平が事故ったら困るから、やっておいた」って（笑）。そしたら燃費が変わってた。

捨名　シリンダーの燃焼、排気を一番効率よくするんです。

望月　講座が始まったばかりのころは、高速道路を運転することが多かったのですが、1

回の移動につきヒヤッとすることが何回かあるのが普通だったんですよ。捨名師匠に僕のクルマをチューニングしてもらったら、それが今はほとんどないし、そして全然怖くなくなったんです。

捨名　クルマをシールドして、ネガティブエネルギーをはね飛ばしているわけです。

望月　普通のクルマだったら、それがポンと当たって急に事故を起こしてしまうこともあるわけですよね。まさに出会い頭。

捨名　そうそう。僕が乗っているもらいもののポンコツ自動車なんて、ガソリンを入れると爆薬を注いでいるようなもので、すごくよく走るのです。NDもボンボンはね飛ばす(笑)。

海外で紹介され反響が大きかった書籍『エナジー・メディスン』

捨名　僕の相棒の、サンフランシスコ州立大学のエリック・ペパー教授が、「ニューヨークタイムズがおまえのことを本に書きたいと言っている」と言うので引き受けたら、ニューヨークの鍼灸師であり、代替医療と女性の健康の権威であるジル・ブレイクウェイさんからメールが来て、日本に取材に行くと言う。

ブレイクウェイさんは夫婦で来日するので、神戸にいる弟子の鍼灸院で、たくさんの患者に実演をして見せたり、あちこち遊びに連れていってあげたりしました。
その取材が『エナジー・メディスン』という彼女の著書になりました（※ジル・ブレイクウェイさんへのインタビューはP159）。ジルさんが僕のことをとても気に入って、自分のクライアントたちに紹介して、Ｚｏｏｍの先でコロナを治してくれとか、これを治してくれとか依頼してくるようになりました。
――本でご紹介された反響はいかがでしたか？
捨名　反響はすごかったですね。最初、アメリカ版が出て、今度は全欧版が出版されました。ヨーロッパ版の本の帯は、女優のユマ・サーマンです。もうひとつは同じく女優のグウィネス・パルトロー。
望月　この著書の中で捨名師匠は、結局、ゲートを開けてもらったり、神様をつけてもらったりしても、やっぱり自分次第という話をされていましたね。今、日本では１７００人以上の方が、ゲートを開けてもらっています。
捨名　ロスのＴＶでグループセッションをやってほしいと、エリック・ペパー教授からメールが来ていました。顔を出したくないと思って断りましたが、Ｚｏｏｍの先であれこれ不定愁訴が治っていくのをＴＶショーで放映すると言い出したので、やめてくれと。特にアメリカは訴訟社会なので、何かあってはいけない。
ドキュメンタリー映画の話もありますが、そちらは龍平を出そうかと（笑）。

望月 僕ですか（笑）。確かに弟子たちは、捨名師匠と比べたらまだまだレベルが違いますが、どこに出しても恥ずかしくないくらいにはなってますね。

捨名 僕の名前で出しても、すでに恥ずかしくないレベルですよ。

望月 影武者になれますかね（笑）。

捨名 僕が70人ぐらいいる（笑）。

望月 これもオフレコですが、コロナの最中に世界的に著名な映画監督からもコントラクトしてほしいと連絡がありました。

捨名 名前は出せませんが、誰もが知っているハリウッド俳優たちに、Ｚｏｏｍでコロナの施術をしましたからね。今や何でもＺｏｏｍです。面倒くさくなくていいんですけれど。

望月 でも、弟子には楽をしないで、特に最初は直接会ってやるんだよとしつこく言っています。

Ｚｏｏｍと対面での体感や効果に違いはある？

――Ｚｏｏｍで施術するのと対面でやるのでは、体感や効果に違いはあるんですか？

捨名　僕的にはない。相手は、治ったよという結果しか出ない。

望月　捨名師匠がクライアントに対して対面での施術を大切にされているのは、施術の時間は正味2〜3分ですが、病気だとすごく不安になるので、面と向かって話をして、相手を安心させ、受け入れる気持ちにさせる。弟子たちにとっても勉強になる部分なのですが、問診とかクライアントさんとのやりとりも含めて、チューニングなんだと思うんです。

――やっていただく側も、信頼関係があるかどうかで結果は大きく変わってきますね。望月さんは、Ｚｏｏｍと対面で体感の違いはありますか？

望月　特に違いはありませんが、やはり対面は大事だなと思います。ただ、インスタライブでソルライツ・チューニングについて語るとか、YouTubeで、「この動画を見ている人にエネルギーを送ります」とか「柔軟性をチェックしてみてください」というようなことをやると、「何、これ」と、見ている人たちがとても驚いています。おもしろいのが、アーカイブでも同じことが起こるんです。Ｚｏｏｍで「エネルギーを送ってみますよ」とやってみたら、画面越しにフワッとエネルギーが来たのを感じて、それで弟子になった人もいます。

――私も望月さんがどういう方かまったく知らずに、エネルギーを送るというYouTubeの動画で画面から気を感じて、熱くなりました。あれははじめての経験でした。

望月 後日、捨名師匠も動画を見てくださって、「すごいな。神様が1回目の収録のは5人来ていて、2回目のは6人来ていたよ。そんなのはじめて見たわ」と言ってくれました。

捨名 神様が後ろにずっといたんですよ。

望月 僕は、半分しゃべらされているみたいな感覚でした。

捨名 たぶんそうでしょうね。いつも龍平についている神様じゃなかった。僕は龍平が収録に行くのもちっとも知らないし、ふだん龍平がどこで何をやっているか知らないけれど、そういう現象がホイホイ起こる。僕が知らないときに、神様通信であっちこっちに行っているのかな。

望月 捨名師匠は、人の夢を壊したくないからと、今回お話ししたようなことはあまり言いたがらないのですが、神様はどんどん言ってくれという感じがありますね。そして、僕が言わされることが多いですね(笑)。神様とかマイナスなエネルギーは本当に存在するので、それがいろんなことを引き起こしていたり、表面で起きている現象のバックボーンにはそういう背景があるんだよと、真実の部分を伝えることを神様は喜ぶみたいです。僕が、普段だったら出てこないような言葉をすらすらしゃべったり、何かわかったりというのは、そういうことなんだろうなと思うんです。

せっかくゲートが開いているのに宝の持ち腐れになっちゃうのは、本当にもったいない。こんな貴重なものはないんです。僕は、ゲートを開けてもらってからのインスピレーションがすごいなと感じています。今なんかは、常時天とつながってるみたいな感じです。大げさでなく。自動的に色んなものがダウンロードされる感じ。

――ゲートオープンした方たちは皆さん、ソルライツ・チューニングができるのですか？

望月　もちろんです。その日からヒーラーと名乗っていいぐらい。ただし、やはり毎日使って下さい。毎日使っていると驚くほど変化、成長していきます。人にやってあげることで、どんどん現象が立ち上がりやすくなります。地球瞑想も毎日やっていると出力がアップしていきます。ゲートオープンは魂に触れる部分なので、捨名師匠も悪魔が入ってこられないようにちゃんとプロテクトするぐらい、とても慎重にされています。それぐらい重要で貴重なものなんです。今後は、ゲートオープンに関して、捨名師匠以外の人間もやることになると思います、魂に触れるなどということは、神の領域ですから、普通の人には決して許されるようなことではない。捨名師匠はそのライセンシングを受けてやられている。それを捨名師匠以外の人がやっていくというのは、特別に選ばれた人のみのライセンシングでしょうね。

それこそゲートオープンは、する方もされる方も誰にでも許可されるものじゃない。そのぐらい特別なものです。

施術例：脳血管の病気、乳ガン、コロナまで

捨名　某国の軍のトップの方をＺｏｏｍでチューニングしたこともあります。ＥＶＭといって、脳の血管がこんがらがってしまう病気ですが、遠隔で消しました。西洋医学では治しようがないのですが、施術後は小さくなって、結局、なくなった。こんなのばかり頼まれるんです。

また、余命宣告2カ月の、びっくりするような乳ガンもチュンと消えた。これは1カ月くらいかかりましたね。きれいになった写真を送ってよと言ったら、恥ずかしいからイヤだって断られました（笑）。直接施術したので、死体みたいなすごい匂いがしましたね。

望月　犬もガンを嗅ぎつけるといいますよね。

捨名　あまりにひどかったので、ガーゼの上からではなく、直接さわってチューニングすると、どんどん小さくなっていきました。黒ずみを全部消し去ったのが２０１８年８月５日。最初は、これは引き受けて大丈夫かなと心配でしたが、お母さんとお嬢さんの二人暮らしだったので、なんとか助けてあげたいと思ったのです。

望月　他にも日本の有名なアーティストのご家族がコロナになって、捨名師匠のところに相談が来た。エクモをつけたら終わりと言われていますが、チューニングして差し上げてたら回復されました。

挙げていくと切りがないのですが、誰もが知っている大御所俳優や著名な音楽プロデューサーなども捨名師匠が施術をされてきたということは、くれぐれもオフレコで。

神様も悪魔もいるということを知る

望月　捨名師匠は、講座に来られた方や直弟子たちに、生まれてくる前にいたところ、つまり魂のふるさとについて解説してくれます。

捨名　魂の状態で、生まれる前にいたところのエネルギーについてですね。

望月　魂の待機場からこの世界に生まれてきて、子どものころも、ずっと直接つながっている。それが、どこかのタイミングで徐々に閉じていってしまうんです。例えば、現代はインフラの整備がされているから、そういった能力が不必要になったというのもありますし、教育や三次元での社会常識、食、環境ホルモン、電磁波なども関係しています。それを、ソルライツ・エネルギーでもう一度つなぎ直す。再度、魂のふるさととのアクセスが開通するようにしてもらうのです。

捨名　ワームホールを通じて。

ワームホールというのは、異次元転送装置みたいに、ポーンと勝手に開くんです。赤ちゃんは産道を通って、出てきたときにオギャーと言いますが、魂にも産道があるんです。

望月　ほう。

捨名　その魂の産道を通って、産声を上げた赤ちゃんにズドーンと入るんです。ものすごい衝撃ですよ。

望月　これと、直弟子がつけてもらっている神様とは全く違うんですか？

捨名　全然違うんです。

望月　どういう関係性なのか、僕たちはまだあまり見えていないんですけど。

捨名　多次元宇宙の力だね。

あるとされている。見た人は誰もいないんですけど。月に行くのが精いっぱいだもんね。

望月　その多次元宇宙で、それぞれをつかさどっている神という存在がいる。とある次元の宇宙では、こちらからすると悪魔みたいな神がいるということですかね。こちらからは悪魔に見えるけど、向こうでは神様ということですよね。

捨名　いろんなパターンがあります。日本の◯◯ノミコトとか、そういう人たちでは全くないのですが。

望月　我々の言語にすると「神」という言葉に該当しますね。

捨名　ポジティブ・ディバインですね。

望月　捨名師匠とよく、そういう世界からの視点で見ると人口削減も仕方ない部分もあるのかもしれないと話しています。増え過ぎてしまった。減らしていくということも、神の計画の中に組み込まれているのでしょうか。また、失うことで気づかされる。学ばされるという魂の理も含め。

捨名　あるとしたら恐ろしい話ですね。

望月　僕らからすると、例えばワクチンがよくないとか、それを推進しているのは人口削減を狙っている悪魔の所業だってなるけど、もう少し大きな見方も必要なのかもしれない。逆にこのまま人類の意識が変わらないまま増え続けていったらどうなるのか、ということを考えるタイミングでもあります。

捨名　今、地球の人口は80億人と言われていて飽和状態です。食料の自給もできない。魂の修練場である地球に住む人々の意識が、どう変わっていけるかも重要なテーマです。それ次第で起こることも変わってきます。特に日本人は重要です。神様は日本人が大好きですから。

望月　僕らは定義として悪魔と呼んでいる存在も、捨名師匠がよく言うように、行くところまで行くと、神と悪魔は紙一重。そうやって考えると、今起きていることも壮大な神々の計画なのかもしれない。

捨名　アマゾンプライムでおもしろい映画をやっていました。「グッド・オーメンズ」といって、神と悪魔が仲よく、ずっと二人でアルマゲドンを阻止するみたいな話（笑）。本当におもしろかった。

望月　神の世界というのは、ものすごく壮大で僕たちの想像を遥かに越えてきます。

エネルギーを再び使えるようにしてもらうことを、僕らは「取り戻す」と言っていますが、魂のふるさとにアクセスできるようにしてもらうと、僕の印象では、すごく子ども返りする感じ。童心というか、この人は本来こういう人だったんだろうな、という感じ。無邪気というか、純真というか、すごく明るくなる。

最初、直弟子さんの中で、すごくブスーッとして、この人は誰ともコミュニケーションをとるつもりがないんじゃないかと思われた人が、今は全然違う人になっていたり。よくしゃべるし、とにかく明るくて楽しそう。元々小さいころはそうだったんだろうけれど、成長過程の中で自分で閉じていっちゃった蓋みたいなものが外れて、それが本来の姿、性質なんだろうなという感じになるんです。

――自分らしさを取り戻したり、自分らしく、自分が楽しいように生きたりすることが神様の喜びで、それで応援してもらえるみたいな話があったと思うんですが、それが本来の自分を取り戻すということなんですね。

望月　はい。それと「神様も悪魔もいる」ということを知ってもらえると、神様はうれしいらしいんです。捨名師匠は今、ヒーリングという領域において、ライセンシングされた神の御業を見せることで、神様と悪魔の存在を伝えてくれています。

捨名　神の力を可視化して、みんなに見せるというのは、そのぐらいしかできないんです。例えば肩が上がらない人に「今、どうですか」と言うと、ヒョイッと上がる。ものの数秒でそうなるんですから。

望月　それぐらいっておっしゃいますが、はたから見ると充分すごいんですけどね（笑）。

映画「グリーンマイル」のようだと言われた

望月　捨名師匠は、長崎の四次元パーラー「あんでるせん」にこれまで3回行っていますが、あそこのマスター、あの人はすごい、というか人ではない、太陽神だと言ってますよね。捨名師匠はヒーリングで神のチカラを可視化させていますが、あのマスターは日銀の金庫に手を突っ込んで札束を持ってこられるような力を持っていると。

捨名　例えばこの壁が異次元転送装置で、壁の中に手を突っ込んで、日銀の古札置き場にあるものを、「はい」と出してこれます。

望月　急に食べものを出したり、それを食べたりするじゃないですか。あれは本当にどこかから持ってきているんですよね。

捨名　壁にハンバーガーの絵がかかっているわけです。それをひょいと取ると、絵の中のハンバーガーが1個なくなるんです。それで「食べる？　はい」と言われて受け取ると、熱いんです。「はあ？」ですよね（笑）。

「力をつけてあげます」なんて言って、プチンとやる。僕も見てて、うわっ、これはすごいなと思った。初めて行ったとき、僕の顔を見ていきなり「グリーンマイルが来た」と言うんです。

望月　映画の「グリーンマイル」のことですね。死刑囚が不思議な力で看守の病気を治すなど、次々に奇跡を起こすストーリーです。「はじめまして」のときに、捨名師匠をそれだと言ったのです。

捨名　何でもわかるんだろうね。ここで噂しているのも聞こえているかもしれないし、壁からニョキッと手が出てくるかもしれない（笑）。

望月　なぜ、あのマスターは別の次元からいろいろなものを持ってこられるのかというと、それを使って何か悪いことをしてやろうと思わないからなんでしょうね。だから、その力を許されている。僕の友人もよくあんでるせんに行っていて、出てくるものは特においしいという訳ではないと言う。あまり儲けるつもりもないのでしょうね。欲がないというか。ちょっとしたところで、我々と全く違う形で神の力の可視化をやっているだけなのだと思います。あの人の場合、どういう神の計画なのかは全然わからないですが。道楽くらいの感じですよね。

捨名　絶対に道楽だよ。指輪を「ちょっと貸してください」と言って受け取って、パッと消しちゃうわけです。「あなたのおうちの鏡台に置きましたから、家に電話すると、お母さんが出ます」と言う。電話するとお母さんが「あるよ」と。エエーッという話ですよね。

マジックって言うけど、長崎から、どこかにあるその人の家に置いちゃうんだもの。
普通の硬いカレースプーンに歯を立てると、ジワーッと白い煙が出て、歯型がついて、切れちゃったり。天然歯なのに、ジジジジッと煙が出る。

望月　ラスベガスでは、マジックショーをいっぱいやっていますが、マジックの仕掛けを高額で売っているらしいんです。大がかりなものも、何百万円とか何千万円とかで。中には、ホンモノの能力者もいるのかもしれないですね。捨名師匠に見てもらいたい（笑）。

捨名　そういう力を軍事利用されたら危ない危ない。マジックの先生に、国の機関が他国から軍事利用されないように張りついているというような話もあるもんね。何かされると思ったら、相手の心臓なんかひとひねりですよね。

望月　たぶんできちゃうでしょうね。やらないでしょうけど。

捨名　アッという間に絶命する。心筋梗塞の方は、胸が詰まった瞬間にウッとなっちゃうんじゃないかな。やらない人だから、ライセンシングされているんだろうけど。

やっていることは「人型神製造所」？

望月　捨名師匠は30年間、たくさんの方の病気を治したり、トラウマやなんかも癒やしたりというヒーリングをやってこられた。それももちろん弟子たちは勉強していくのですが、ヒーリングから「チューニング」と名前が変わって、ヒーリングがマイナスからゼロに戻すものだとすると、チューニングはゼロからその先の、その人がどんな人生や未来を実現したいのかということに合わせてこのエネルギーを使っていくものですが、このチューニングの可能性にすごくワクワクします。僕は実はワクワクという言葉があまり好きではないんですが、その僕がワクワクしています（笑）。ソルライツ・チューニングの未来がとても楽しみです。多次元宇宙のとある存在たち（ND）から見たら、ある意味捨名師匠は大量破壊兵器とも言える僕たち弟子を、ものすごい勢いで製造している。それは、今の時代に、そしてこの日本にその力を持つ人たちが必要だということでしょうね。

捨名　映画「シン・ウルトラマン」を見ていたら、「人間は生物兵器に転用が可能だ」と言っていて、全くそのとおりだと思いました。多次元宇宙から来る悪魔を、僕は簡単にポイポイ消してしまう。「シン・ウルトラマン」で言っているセリフそのままだなと思ったんです。

望月　向こう（ND）からしたら、僕らはすごくヤバい人。

捨名　ハッハハハ。人型神製造所にしちゃった。

望月　だから、最近、違う次元の偉い悪魔の親玉が、もうやめてくれ、むちゃくちゃするな、この場合はこうしてくれよ、と捨名師匠のところに交渉に来るんですよね（笑）。

捨名　目に見えないけどゼットン（ウルトラシリーズに登場する宇宙恐竜）が繰り出す火球を放り投げているようなものですね。

望月　しかも、僕ら弟子たちは生まれたてホヤホヤの、よくわかっていない神様だから、どんどんホイホイやっつけちゃうので、ちょっと待ってよと。

神様は自己犠牲がお嫌い

捨名　神様も、人の体の中に入って、その触感を楽しんだりしています。だから、神様がつくと嗜好が変わる弟子が多いんです。急に肉が好きになったり。

望月　つける神様の趣味というか。

捨名師匠の神様は女性が好きなんですかね（笑）。

捨名　もともとでしょう（笑）。

望月　そうかもしれないですね（笑）。

捨名　自分は大酒飲みになっちゃいましたね。

望月　それももともとでしょう（笑）。

捨名　もともとだね（笑）。

望月　捨名師匠といると、すごく元気になるから、遅い時間まで平気で呑んでいられるんです。

捨名　朝の4時までとか。

望月　僕もソルライツがスタートしたころと変わったかもしれませんが、弟子たちも、入ってきたときからしたら、みんなすごく変わった。きれいになりましたね。お洒落をするようになったり、年齢に関係なく本当に楽しそうに自分を着飾るようになりました。若返りましたよね、みんな。

　髪とかメイクとか服装とかをアドバイスして、その人が変身するきっかけをくれるステラさんというお弟子さんがいるんですよ。

捨名　いきなり表参道の美容院に連れて行っちゃったりする。

望月　一緒に買い物に行って、「あなた、これがいいと思う。これもいいと思う」と。

　その人たちは、今、振り返って分析すると、それまでは自分の価値をあまり認めていない人が多かった。自分においしいものを食べさせてあげるとか、自分に対しておカネとか、気をかけるというのが欠けていた。無意識なんだけど、自分のことをあまり大切にできていなかったんじゃないのかなと思います。捨名師匠に出会って、エネルギーをつないでもらい、それによって運命の歯車が好転していったんじゃないかと。
　捨名師匠は、ソルライツ・エネルギーを使って「まず自分が幸せになるんだよ」とよく僕たちに伝えてくれます。いい人って犠牲心が強いのですが、「それが一番ダメなんだ、神様は自己犠牲を嫌う。悲しむんだよ」と。弟子たちは「あっ、それでいいんだ！」と思って、自分のために何かをする、ということが少しずつできるようになったんです。

捨名　自己犠牲がいいわけないじゃない。長続きしないですよ。力を身につけたら、まず自分のために使ってほしいんです。

望月　だから、協会（ソルライツ・アソシエーション）の理念は、捨名師匠が最初から言っている、「このエネルギーを使える人を増やして、地球の憂鬱を晴らす。五世代、六世代先の子どもたちに、争いのない、幸せで豊かな未来を遺していく。そのために無理をせず、頑張らず、自分を喜ばせながら、自分の喜ぶ方法で伝えたり、まずは自分のためにエネルギーを使う。そこからでいい」と表明しています。
　先日の福岡の講座はものすごくよかった。福岡の中心メンバーが地道に地道にお声がけしてくれたんですけど、捨名師匠にゲートを開けてもらうのを、長い人だと3年待っていた。それだけ時間をかけて、ゆっくりゆっくり種を植えて育てていった。雨の日も風の日もあったでしょう。それがちゃんと芽を出し始めたというのは、僕の中ではすごく印象的でした。
みんなこのエネルギーが好きで、捨名師匠のことが大好きで、自分のこともだんだん好きになれた。まずは自分のことを満たしながら、このエネルギーについて、このエネルギーとの出逢いについて伝えていくだけでいい。プラスアルファで身近な大切な人達に使っていってあげる。まずは、それだけでいい。でも、それって結局ちゃんと自分に返ってくることなんじゃないかな。犠牲じゃなくて、単純に「見て、見て。これ、すごいでしょう」だけでいいんじゃないか。今、徐々にそのタームに入ってきたかなと思います。

神様は、おカネが欲しいわけではない

――お弟子さんに、大病の方を無理に治さなくていいとお伝えしているというお話がありましたが、そういう教えはなかなかないですね。

捨名　関わり方を間違えてしまうと、しがみつかれちゃうんですよ。

望月　神様から見てどう思うかと考えると、わりとシンプルです。神様は自分がついている人に、苦労してほしいなんて思っていなくて、幸せになってほしいとか、笑顔でいてほしいと望んでいる。

捨名　弟子たちには、無料でやっちゃダメだよ。ちゃんと対価報酬をもらうんだよと言っています。これは何故かというと、ソルライツ・チューニングは神様との共同作業なんです。だから、我が子である弟子たちがこんなに一所懸命やっているのに、「この人は相応しい対価を払ってあげないなんて」と、やる気がなくなっちゃって発動しないんです。神様がお金が欲しいわけじゃなく、我が子である弟子への愛なんです。だから、クライアントさんにも、解決したいことや願望があるなら、ちゃんと対価は必要なんですよとお伝えしています。弟子にも、ちゃんとそのことを伝えるように教えています。

望月　そうですよね。僕たちも、これを身につけるために、お金も時間も労力もかけてきたわけですから。受ける側のクライアントさんも、確かにそれを分かっている人に、より効果が出やすい。僕のセッションを受けて、宝くじが当たった方もそういう方でした。

――日本には自己犠牲の上に、人のために尽くすことが自分の幸せだみたいな土壌があるじゃないですか。

捨名　僕が宗教をあまり好きではないのは、それを意図的に利用してしまう人たちが中にはいるからです。あまり宗教の悪口を言うつもりはありませんが。中には、日本のお金が信者から集められて海外にいっちゃってたり。お墓も本当は必要ないですからね。「千の風になって」の歌じゃないですけど、そこにご両親もご先祖もいないですからね。

「ご先祖様が毎年お彼岸で帰ってくる」と説いているけれど、本当は来れないんですよ。来れるわけがない。ご先祖様を敬うというか、感謝の念を忘れないためにという意味では、決して悪いことではありませんが。

望月　本来はそういう命のリレーがあって、自分がいるんだ、ありがたかったなという感謝につながればいいわけですよね。

捨名　そうですね。お墓と仏壇は、本当はなくても大丈夫です。

ソルライツ・チューニングを学ぶことで、高次元のエネルギーが使える

――ソルライツ・チューニングを学ぶとしたら、最初にゲートを開けていただくというファーストステップがあって、そこから先はどういうプロセスで進んでいくのですか。

捨名　エネルギーの使い方を教えます。決まりはないけど、症例ごとにプロトコルを教える。こうすると簡単に改善しますよと。その先は、自分と自分の神様とのおつき合いをちゃんとしてと言うだけ。そうすると、高次元のエネルギーがどんどん使えるのです。魂のふるさとがあるところのずっとずっとずっと上の、多次元宇宙の質のいいエネルギーが使えるようになる。

それをエネルギーソースとして、自分の思考の力と信じる力で現象を立ち上がらせる。そうすると、現実に現象としてバンバン立ち上がる。僕だけじゃなくて、僕が知らないところで弟子たちもバンバンですよ。だから、再現率100%というのは、全く言い過ぎではないんです。こんなのは世界中でたぶんうちだけじゃないかな。

望月　本当にそうだと思いますよ。

捨名　「ヒーリング」ではなくて「チューニング」なのは、その人や、場所、事象に対して調律したり調整したりするということ。不調をもとに戻す、悪いところを治すのが「ヒーリング」だとしたら、「チューニング」はそこを超えて、プラスに働きかけるためのエネルギーワークです。その人自身を調律し、調整することによって、その人の可能性をより引き出せる。よりプラスに働きかけるエネルギーなんです。

望月　さらに、病気とか体の仕組みも学んでいくと、結果が出やすくなる。だから弟子たちは、より熱心に勉強していくんですよね。結果が必ず伴うからすごく面白いと思います。

捨名　ジルさんなんか、ゲートを開けてあげたら、ステージⅣのがんを3カ月で、しかもZoomで治したと言っていましたね。

望月　それに、このエネルギーは、自分のこれまでやってきたことに足して、活かして、応用することができるんです。例えば僕だったら、演劇であったり表現方法に対してこのエネルギーを使って、より次元の高いことを教えたり、次元の高い現象を起こしたりすることができる。施術家だったら、整体の技術にエネルギーをのせると、エーッというくらい効果が出てしまう。そういう意味では、学んできたことを幅広く活かすことができるんです。

ソルライツには、あれしちゃダメ、これしちゃダメというのも基本的にはほとんどありません。ただ、気をつけたほうがいいなと思うのは、世の中にあるいろんなエネルギーワークとの併用です。いや併用に関する問題というより、他のエネルギーソースを学んできたという人の中に、具合が悪い人がけっこう多いというか。

最初のころ講座に来られてた方で、乾癬《かんせん》がものすごくひどい女性がいました。確か20年くらいずっとかゆくて痛かったって言ってました。その人は捨名師匠にゲートを開けてもらったんだけど、他のエネルギーソースも使っていて「私は学んできたことを使い分ける」と頑なに言っていたんですよね。よその悪口を言っちゃいけないですけど、体を癒やすことをやってきた人が、なぜそんなに具合が悪いんだろう、そういう人たちの使っているエネルギーソースってそもそも大丈夫なのかというのが、僕には疑問でした。弟子の中には、元々足の悪い人はいるけど、ソルライツと出逢って断然よくなったんですよね。捨名師匠は、よくないエネルギーソースを使っているような人はこっそりプツッと切ってあげるんですが、また自分でつながろうとしちゃう人もいる。使っているエネルギーの次元が違いますからね。あまりこれまでやってきたからということだけで、それに執着せず、ソルライツだけにされたほうがいいんじゃないかとは思います。併用しようみたいな考えはあまり勧めないですね。

かたや鍼灸師は、体の仕組みもわかっているから、ここに鍼を打つというところにソルライツ・エネルギーをのせると、ものすごく深く入る。鍼の入るところが数ミリだったとしても、そのずっと先までエネルギーが入っていくのがわかる。何なら鍼は要《い》らないんです。

――ジル先生がまさにそうでしたね。

望月　捨名師匠の弟子にもミナレットという鍼灸師がいるんですけれども、今は鍼はほとんどやらないそうです。

あたり前な話ですが、直弟子たちは、単発で講座を受けている人たちよりも、より再現性が高く、それは毎月毎月捨名師匠からいろんなことを教えてもらったり、エネルギーの出力を上げてもらったりしているからで、いまやみんなすごいレベルで捨名師匠も驚くほどです。でもエネルギーって本当におもしろいのがその人の意識の次元と連動しているということです。例えば師匠みたいになりたいとか、まあ、それはそんなにダメなことではありませんが、人をうらやましがって、自分はまだまだだと卑下するとか、ほかの者になろうとしているとか、ほかと比べるということをすると、神様がなかなか発動できないところがある。違う何者かになるんじゃなくて、今自分にあるものを使えば、出来ることをすれば充分だし、自分がやりたいことにこのエネルギーを使えばいい。それだけでいいんです。

捨名　ほかには何もいらないんです。大事なのは、エネルギーと自分の神様との親和性です。

エネルギーでアクセスする

――お弟子さんたちは、ほかにどんなことに活かしていらっしゃいますか。

望月　コンサルとかコーチング的なことに使っている方もいらっしゃいます。

捨名　結婚相談所とか。ご縁を引き寄せている。

望月　先程も話にあがったお弟子さんの林ステラゆう子さんは、別のところで学んできた、意識の書きかえとか情報の書きかえのメソッドを、ソルライツ・エネルギーでポンと（指を鳴らして）後押しする。そうすると、「こんなに簡単なの？」みたいなことが起こります。これまでだったら自分が問題だと感じていたこと、言葉や行動とかを、何カ月もかけていろいろ変えていかなきゃと考えていたことが、ポンと簡単にできちゃう。やった本人が最初のうちはびっくりしてる（笑）。トラウマ的なことに関しても。過去の出来事自体、記憶自体はなくならないのですが、そこに自分の感情がどうひもづくかは自分次第なので、そこをエネルギーで変えてしまう。そうするとすごく嫌だったことも「別に何も」となっちゃったりする。

もともと捨名師匠が教えてくれているエネルギーの使い方、神経とか情報をつかさどっている脳の仕組みをちゃんとアカデミックにやりつつ、そこに自分のファンタジスタを持ってくる。例えば、自分の記憶を手の平にポンと出して実体化させて、「ここにその問題があるんだとしたら、じゃ、これをどうしたい？」と、それをエネルギーで後押しする。こういうのはおもしろいです。

捨名　神経とか脳にもエネルギーでアクセスしていく。

望月　ここら辺は、捨名師匠はめちゃくちゃアカデミックなんです。海馬とか、扁桃体とか、ストレスが強い人はこういう部位にエネルギーを送るとか、脳のここはこういう臓器と関係があるんだよと、体の仕組みを教わる。

捨名　体の仕組みを知っていると、現象として早く立ち上がりますからね。

望月　このエネルギーは本当に都合がよくて、捨名師匠のやっているのを見ていると、それだけでインストールできてしまう。あとは神様任せとかエネルギー任せでできちゃうんです。でも、やっぱり具体的に構造がわかっていったほうが、神様から勉強したご褒美は降りそそいできます（笑）。

捨名　「安い、わかりやすい解剖学の本とか病理学、生理学の本を買って、よく読みなさい」と言う。

――ほかに、こういうのは学んでおくと役に立つということはありますか。

捨名　あまりないですね。とにかく僕と一緒に長くいるのがいい（笑）。みんな楽しんでいますよ。

時々僕がポロッと大事なことを言ったりするらしいんです。

望月　そうすると弟子が、「捨名師匠、今のどういうことですか。もう一回言ってもらっていいですか」となる。

捨名　みんなすごいもんね。

――ゲートを開けていただいてから、症例ごとに体の仕組みみたいなことを、アカデミックな意味で勉強する。その次の、例えば、エネルギーをどこから持ってきてどうするみたいなテクニック的なことはどのように教えるんですか？

捨名　アカデミックにもしっかり教えますし、先程言ったように、解剖、病理、生理をそのためにも勉強しなよってこともあるし、プロトコルをしっかり教えます。これは、こういうことがこの部分で起きているから、それに対してはこのようにエネルギーをターゲティングして送るんだよとかね。あとは、毎日、自分の神様を信用してお任せしていれば、どんどん勝手に成長していきます。

望月　そういう意味では、治療院を持っている人は教わったことを毎日試せるんです。講座があったら、次の講座までの1カ月間、その教えをもとにいろいろ試せるわけです。「あれ？」というときは捨名師匠に相談する。「捨名師匠に教えてもらったとおりこうやったんですけど、いまいちこのケースの患者さんはうまくいかなかったんです」みたいな話をすると、捨名師匠が、「それは出力の問題かな」とか「ここが抜けている」とアドバイスする。教えてもらったことを実際にやってみるというのはすごく大切ですね。

捨名　みんな、結果の出せる診療所になっていますね。

望月　ですので、2年間の直弟子コースを修了した人たちのために、ソルライツ・チューニングLabo名古屋を捨名師匠とオープンしました。とにかく実践、実践ですよね。弟子たちを始めとした、ソルライツの遣い手は、これからの宇宙に、地球に必要なんです。

捨名　ソルライツの場合、この人には伝授できる、この人には無理ですねみたいな話はない。それは本物の神様だからじゃないですかね。

神様が発動すれば再現性は100%

――人によって経験もスピードも違う。それでも再現性100%とおっしゃっていますね。

捨名　全員が同じことができます。

望月　できそうな気がするというときでも、大抵できちゃうんですよ。

――できる体《てい》でやる。そこに迷いがあったらいけないわけですね。

望月　いや、迷ってたり、信じ切れていなくてもエネルギーは出てはいるんですよ。そこですでに発動はしているんですが、「神様、本当？」と疑っているより「うわ、本当にすごい」とか、「信じる」と言霊を使ってみるとか、とにかく信じる比率が自分の中で高まれば高まるほど、確信に近づけば近づくほど、エネルギーの出や質は全然違うんです。ビジネスとしてはこのほうが儲かるんじゃないかとかっていう動機で苦手なことや好きでもないことに手を出してしまうより、これに使いたいというその人にとって純度の高いもののほうがいい。

先程話にあがったボイストレーナーをやっている吉田純也くんは、札幌の合宿のときに捨名師匠に声の調整をしてもらって、本当は講座が終わってから、もう一泊する予定だったんです。「みんなですすきのに飲みに行こう」と言っていたのに、合宿が終わるなり「やっぱり私は、きょうは帰ります」と言う。どうしたのかと思ったら、「すごいモノを手に入れたから、これを早く使いたくなりました！」と。

彼は別に新たなことをやろうとは思っていなくて、自分のこれまでやってきたことに、こういうふうに使ったらどうかとか、早く使いたい、試してみたいと。まっすぐだから、疑うこともない。一言で言うと、ワクワクしている状態ですよね。それが一番いいのだと思います。結果がどうなるとか、どう稼げるのかということは、彼は全然考えていなかったんです。ただ、すごいレッスンができそうだ、というのが見えていた。そうなると、神様はすごく発動します。

捨名　いきなり仕事がポンポンポンポンポンと、どんどん増えちゃって、オファーが絶えないんでしょ。神様すげえなぁ（笑）。

望月　しかも、嫌な仕事ではない。自分が本当に伝えたかったことをレッスンでも伝えられるようになったし、それが評価されて、どんどんオファーが来るという、すごくいい循環なんです。

――違う何者かになろうとするんじゃなくて、今までやってきたことにプラスするというのはいいなと思います。先生の考え方、教えをちょっと受け取るだけでもいい。単にヒーリングの技術を学ぶだけじゃなくて、人生のプラスになるところがすばらしい。

望月　大層なことじゃなくても、朝出かけるときに、（指を鳴らして）「自分にシールド」とか、「社内をクリーニング」とか、そうやって毎日楽しく使う。

捨名　車の燃費向上とかね。

望月　おもしろいのが、捨名師匠がみんなに「何でもありなんだ。自分流でいいから」と言うと、いろんな使い方を弟子たちが発明してくる。捨名師匠も「そんな使い方したの？すごいじゃん」と。本当に何にでも使えちゃうんですよ。

――何にでも使えちゃっていると思うことがきっと大事なんですね。再現性が100％なので、自分が信じ切れるかどうかの問題で、ただ自由に楽しく信じてやればいいんだよと言ってくれるのって、すごく貴重な環境だと思います。

望月　捨名師匠が先程ソルライツのエネルギーを使いこなしていくには「僕と一緒にいることだよ」と言いましたが、どういうことかというと、1カ月に1回、講座とかで仲間みんなと会って「今月も楽しかった。私、すごいじゃん」と思っても、家へ帰ると、また自分の生活とか会社とか環境があって、だんだんしぼんじゃったりすることもあるじゃないですか。捨名師匠と何かしらの形でできるだけ接点を多く持つだけで、自分の前提が書きかわっていきやすい。師匠や仲間といるだけで高波動のエネルギーを常時浴びているわけです。だから一緒にいることがとても大切なんですよね。

捨名 会員限定のＺｏｏｍで質問会もやったりしています。

望月 協会が正式に発足してから、会員さんの種別によっては1カ月に1回、捨名師匠のＺｏｏｍに参加できます。そこで「捨名師匠、ちょっと首が」と言うと、「どれどれ」とチューニングしてくれることもある。

捨名 Ｚｏｏｍの先にいるだけで治っちゃう。

望月 それ目的で参加されちゃうと主旨と違いますが、実際そういうこともありますね。弟子にも、もうちょっと放っておいたらチーンだったよというケースがけっこうありました。そういう年齢に差しかかってきた人が多いというのもありますが。直弟子コースに入って、捨名師匠の弟子になれたことによって、人生観とか人生自体も変わりますが、単純に健康を勝ち取れる。これだけでも本当にありがたい。今や弟子たちもグングン腕を上げ、互いへのチューニングでサポートしあっています。以前は歩くのもままならなかった、階段を上がれなかったとか、自転車にまたがったらおりれなくなるような弟子たちも、今は普通に歩いていますからね。

ぜひ花粉対策講座をしたい？

――講座とか直弟子コースについて伺います。直弟子コースは地方のあちこちに行くのですか。

捨名　そうです。今は名古屋に道場・Ｌａｂｏができたので、そこが中心ですが。

望月　Ｌａｂｏができる前は東京での開催が多かったので、東京の人は電車賃１０００円とかで通えて、ホテルも要らないけど、地方の人は、毎回は大変だったでしょうね。でも、逆にそういう人のほうが得るものは大きかったと思います。ソルライツってそういうほうがご利益大きいんですよね。だってわざわざ遠くからお金と時間と労力をかけて来るわけですから、よく来たねってなるじゃないですか。神様も（笑）。それは人も神様も変わらない。今は名古屋の道場・Ｌａｂｏでの開催が基本ですが、それにも意味があって、あの場所はソルライツにとってのサンクチュアリ（聖域）に捨名師匠が調整してくれた。

捨名　僕だけじゃなく、神々がみんなしてね。

望月　直弟子コースは2年間。1カ月3コマ、1年36コマで、2年間で72コマでした。1コマは4時間です。

Ｚｏｏｍの質問会は月2回。直弟子コースの1期と2期に分けて、月1回ずつやってきました。今は直弟子コースではなく、別の形で弟子としての学びを得られるような仕組みを作りました。これはタイトルアップ講座と言います。2年の直弟子コースを修了した人たちのために、シン直弟子ステージ、チューナーステージというさらなる学びを得られる講座も開催しています。

それ以外には、ファーストステージ、デスティニー・アンリミテッド、天機を切るという特別な講座などもあります。

捨名師匠に、これをやってもいいですかとご相談したのが、花粉対策です。これは弟子たちのキャッシュポイントになる。僕と師匠の目標として、弟子たちがこれで食っていけるようにしたいという強い想いがあるんです。

今年8月に、名古屋に開設したＬａｂｏ・道場は、とても広いです。弟子の研修もできて、弟子が働けるように。協会としては、その人たちからおカネを吸い上げるのではなくて、この人たちがどうやってこのエネルギーを使って、自分で稼いで、自分の食い扶持にしていくかという部分を何とかしてあげたかった。

捨名　餌のとり方をちゃんと教える。

望月　2年間の直弟子コースは、1期と2期だけで、今後もうやらない。2年間毎月はお互いに大変ですからね。すごくよかったし、絆も深まったんだけど、ご家族の介護が始まるとか、お仕事の関係で続けられなくなったとか、経済的な事情も含めて、その人それぞれのいろんな事情が出てくるので、もうちょっと短いタームにしました。自分の状況とかモチベーション、自分の今のレベルに合わせて、こんなスパンで、このぐらいのところまで勉強していくということを自分で選べる形に切りかえています。直弟子コースは2年間毎月としていたのを、2カ月タームとか、3カ月タームのブロックに切り分けて学べる形に持っていっています。

捨名　残った直弟子たちは本当に幸せ者だよね。それは龍平のおかげだよね。本当に大変だったと思う。

望月　はい、確かに大変でした（笑）。いや、でもこちらこそ師匠に感謝です。大変なときもずっと支えていただいて。でも、2年学んだ最初の直弟子たちの存在はすごく大きい。彼らは永遠に捨名師匠の弟子だし、彼らがまた後輩たちの面倒を見るという、新たな弟子になる仕組みをつくって、スタートし始めたところです。みんなどんどん講師としても活躍し始めてる。

それこそ、この間のジルさんとのＺｏｏｍじゃないですけれども、コロナもだんだん明けてきたわけで、捨名師匠に海外との行き来が出てくると、2年コースはそもそも無理だし、弟子が育ってきた。そういう意味では、いろんな準備が整ってきたように思います。

捨名　僕も顔出ししてもいいと腹をくくった。向こうでテレビに出たり、映画をつくったりも考えています。ジルさんはそれをやりたくて、「早くおいでよ」と言う。

ソルライツ・チューニングを学ぶプロセス

――ソルライツ・チューニングを学ぶプロセスを聞かせてください。

望月　実は一番最初に皆さんに受けてもらうファーストステージの講座で、生観院流の奥義の部分をお渡ししているのです。これが精巧に組み込まれた手技であるということがわかると、基本のキ（P121参照）だけで7割ぐらいの問題が解決しちゃう。それぐらいすごく大切な手技です。それを一番最初に教えちゃうんだから生観院流は太っ腹でしょう（笑）。

例えばヨガを教わっている人は、どんどん新しいポーズをやりたくなったりする。先生も生徒のニーズにあわせて、あれこれやろうとして体を壊す人が実は多い。だけど、ヨガで一番大切なポーズはシャヴァーサナ（死体のポーズ）で、他のポーズをやって、シャヴァーサナをくり返すことで、リラックスが深まっていき自律神経が整う。仰向けで横になっているだけなのに、これがヨガの真髄。

生観院流の手技も、それと同じように、基本のキは本当にシンプルです。そこにエネルギーの出力がとても関係する。エネルギーの本質がわかってくると、同じ手技をやっていても、効果が全然違ってきちゃう。

ゲートオープンしてもらうファーストステージの講座が好きで、何回も通ってくる人たちもすごく多い。そういう人はわかっている。ともすれば「捨名師匠、どんどん新しいことを教えてください」となるけど、実はそうではないのです。同じ講座のはずなのにその時々で受けとれるものが全然違うんです。回を重ねる程に、理解が深まっていく。このエネルギーのすごさが分かってくるんです。

この講座は、高校生ぐらいから、誰でも受けられます。エネルギー自体がすごいので、倫理観なく現象がいろいろ立ち上がると、よからぬことにならないかということで、一応高校生ぐらいからということにしています。

写真の上にソルライツ・エネルギー入りの陽門銭を置くと……

――この間、ゲートを開けていただきました。うちは娘が心身の不調を抱えているので、この間、見よう見まねで、手元に娘を出して癒やすということをやってみたんです。手の出力がびっくりするぐらいチリチリ、ピリピリした。それがどう効くのかは正直あまりわかっていなくてやっていましたけど、3カ月ぐらい全く口をきいていなかった娘が、すごく機嫌がよくなって、毎日リビングでテレビを見たりしているんです。しかも、「○○をしたい」とか、「ちょっと外に出ようかな」とか、前向きな発言を本当に久しぶりに聞きました。

子育てで悩んでいる人は本当にいっぱいいます。お母さんも何もできずにいるんです。それが、直接的に働きかけられない子どもに遠隔でエネルギーを送ることができて、しかも誰でも必ずできるなら、ぜひ子育てに悩む母親たちに勧めたいです。

捨名　写真を用意して、その子の上にうちの「陽門銭」を置いておくだけで、グイグイ変わっていきますよ。その威力がかなりすごいんです。24時間エネルギーを供給できます。

望月　直弟子を始めとして学びを進めていくと、捨名師匠に特殊なエネルギーを入れてもらったりすることもあるんですけど、皆さんにお渡しするものはどれも同じものです。

捨名　強いエネルギーが出ているので、遠隔も簡単にできてしまいます。ですが、これは直弟子にはよく言うのですが、最初のうちは特に遠隔ではなく、直接会ってやりなさいと、楽をしようとしちゃダメだよと。やっぱり愛が大事ですから。陽門銭にはちょっと高次元のところからのエネルギーを入れるのですが、私も日々進化しているので、一番高いところからエネルギーを取ってきます。自分を毎日見ていても、進化を感じます。体感的には、能力値が上がった瞬間に体がズンと重くなりますね。何の前ぶれもなく、「あっ、来た」みたいに突然やってくる。年がら年中です。

捨名師匠の子育て論

望月　捨名師匠、子どもはこうやって育てるのがいいんだよという話をお願いします。親のエゴ、価値観、物差しで子どもをはかると、子どもは嫌がるというお話を以前されていましたよね。

捨名　例えば、戸建てのお家があって、おじいちゃん、おばあちゃんがいる。家を持っていて、土地があると、魂がブツンとその土地に串刺しにされちゃうんです。この家の作法とか、姑とお嫁さんの関係とかの問題は、エネルギーも使ってプツッとそのつながりを切るだけ。

望月　生観院流の教えとしては、家は買わないほうがいい（笑）。ブスッと串刺しになるから。

捨名　住みたいところにどんどん引っ越していけばいいんですよ。

望月　土地に縛られてしまうから。

捨名　土地なんて、そんな大したものでもないのに、みんな縛られてしまっている。

望月　僕は子どもの能力開発をする講座をすごくやりたいんです。弟子たちも子どもたちのための何か、ママさんと子どもたちのための何かをすごくやりたがっていますし、実際動き始めています。

捨名師匠がファーストゲートを開けて、その次に、どんなふうにこのエネルギーを使えるかということを学べるタイトルアップ講座がある。今は捨名師匠に10コマのタイトルアップ講座のうち、最初と最後だけ受け持っていただいているのですが、その間の講座は弟子たちが講師となり講座をつくってくれているんです。その中で子どもの体調管理とか、子どもの能力を伸ばす講座も開催しています。子育てにこのエネルギーをどう使うかという講座は、お母さんにとってめちゃくちゃいいでしょうし、とても人気です。

――子どもの思春期に関係性が難しくなることはよくありますし、子どもが学校に行かないというだけで親は自分を責める。そのエネルギーは自分を癒やすためにも使えますし、子どもの心身の不調が改善したらすばらしいですね。

捨名　そんなのは簡単です。どんなふうにでもできちゃう。子どもはもともと自分の子ではなく、神様からの預かりものですから。

――つい自分の子を分身みたいに思い、コントロールしていってしまいがちです。子育てに悩んでいる方にもぜひこのエネルギーを使っていただきたいですね。

捨名　子育ては、中3から大学に入れるまでの3年間だけ一生懸命やったかな。よりによって暴走族なんかになって（笑）、うちがたまり場になっちゃった。学校だけはと、朝ちゃんと起こして、軽のバンに自転車を積んで、学校の前で落としていました。学校から帰ってくると、またみんなでたまっている。弁当を毎朝つくって、何ならついでに自分のバイクを出してきて、彼らと一緒に走って遊んでました（笑）。20年くらい前の話ですけれど。この仕事はとっくに始めていましたが、その頃まだこのエネルギーを子育てに活かしたことはなかったですね。

息子たちの乗ってくるバイクは意外とポンコツで、それをブレーキがよくきくように、安全なように直してあげたり。チェーンがタラタラに延びているのも整備しましたよ。そうしたら、白バイがうちに来て「何をやっとるんですか、お父さん」と言うので、「危ないから、チェーンをちゃんと張ったりしているんです」と。ハンドルを曲げてあるとブレーキオイルが斜めになって、ブレーキが急にきかなくなったりするので、普通の位置にしたり。タイヤの空気圧もチェック。「ウィリーはこうやるんだ」と言って見せたり（笑）。

「おまえの父ちゃん、ドすげえな」と息子の友だちに言われたりしました（笑）。

望月　例えば、子どもが学校へ行かない、困っていますという人がいるとする。でも、それは問題だという解釈をお母さん自身が自分に入れていて、そういう目で子どもを見ている。そう考えちゃう気持ちはわかるけど、そう捉えているお母さんにエネルギーを作用させると、「それ、なくなっちゃったみたいなんですけど」となるんです。

――それはどういうことですか。

望月　先日、僕のセッションを受けた方もそんな感じで、これはおもしろいなと思ったんです。自分の解釈に対して負の感情が湧いてくるから、脳内のその嫌な記憶、感情と結びついているタンパク質に対してエネルギーを作用させる。そうすると同じことを思い出しても、「あれ？　そうでもなくない？」と心境や感情が変化する。問題だと思っていたこと、悩んでいたことがどうでもよくなっちゃうんです。子育てでお悩みのお母さん向けの講座を応用すれば、ダンナ編もできますね（笑）。同じですもんね、やることは。

捨名　いいダンナに改造する。それと、自分も朗らかに、気にならなくしちゃう。

望月　「基本のキ」の自律神経ケアとか幸せホルモンがたくさん出てくるワークとかをやっていると、気持ちよくって、ストレスがあまりない状態になって、同じ出来事が起こっていても、自分自身の解釈が全く変わってくるんです。

自分の子どもが「学校に行かない」と言ったら、「よく言った。学校なんか行っちゃダメだよ。どこ行く？」って言うような大人が増えたら、子どもは幸せだし、豊かな社会になっていくと思います（笑）。

ソルライツ・チューニングの最重要手技「基本のキ」

――今お話に出てきた「基本のキ」について詳しく教えていただけますか？

望月　「基本のキ」とは、わずか5種の手技で、ストレス対応のみならず、心と体の調整をも達成するソルライツ・チューニングの奥義です。〝地球の憂鬱を晴らす〟ことで、幸せで豊かな人をこの地球に増やすことを大きな目標として掲げるソルライツ・チューニングでは、最初の入門編である「ファーストステージ（ゲートオープン）」において、この奥義「基本のキ」を伝授しています。

魂の持ち主である神様に私たちは愛されている

望月　それにしても、最近の捨名師匠の施術の速さと言ったらないですね。

先日も、福岡でのファーストステージ講座で、「捨名師匠の施術を受けてみたい人はいますか」と聞いたら、みんな手を挙げるわけですけど、「股関節が」とか「腰が」とかいろんな症状の人が、ホイホイ、ホイホイ治っていっちゃう。通常だと講座内では多くて2人くらいしか体験施術をやらないのですが、この前は速すぎて何人やったかわからないです。

捨名 問診から始めて一人2~3分だったでしょうか。

望月 「あれ？　オオーッ（拍手）」みたいな。

捨名 全員結果が出ちゃいましたね。

望月 それは、完全に神様からのご褒美ですね。弟子を育てた、師匠へのご褒美。

捨名 お利口にして、毎日神様の言うことを聞いているので（笑）。

望月 神託によって弟子を育てろというお役目があるわけじゃないですか。神様からすれば、「よしよし、よくやっているな」みたいなことなんでしょうね。

捨名 最近はケンカも売らないし（笑）。

望月 最初の話に戻りますが、捨名師匠は今、神様も悪魔もいるんだよということを伝えたり、神様の存在をエネルギーで可視化したりすることをやっていらっしゃいますが、それに対するご褒美がどんどん来ている気がするんです。

捨名　ただでさえ、日本人は普通に神の恵みをちゃんと受けているんです。でも、ちゃんと神様に愛されているというのがわからない。魂の持ち主は神様なんだから、神様が自分を嫌いであるわけがないじゃないですか。恩恵は全員等しく受け取っているんです。ただ、僕はそれをちゃんと可視化して見せてあげられる。魂は自分のものじゃない、神様のもの。それが転生を繰り返して、神をつくっていくんです。

逆子を直す

捨名　先程もお話ししましたが、赤ちゃんは魂の産道を通ってきて、オギャッと言った瞬間に魂がドーンと入ってくるんです。そのときはすごいですよ。

　僕も最初の妻に一人目を産んでもらったときは、よくぞ産んでくれたと、涙がとまらなかったです。

　ただ、子どもが生まれたときは、それはそれはうれしかったのですが、女性とは感覚が違うことに気がつきます。女性は十月十日おなかに入れているから、生まれる前に母親になっていくじゃないですか。でも男はおなかから出てはじめて、「おー、出てきたか」という感じですから。

江戸時代とかは大変だったでしょうね。帝王切開もないし、産むのも命がけ。すごい早産だったり、不自由な子がたくさん生まれたりしたと思います。

逆子なんか、ソルライツの手技でクルッといきますね。その場でおなかが動くのがわかって、「はい、これでOK」と。

受ける側の姿勢によって効果が変わる？

望月　受け手側について言うと、受け手側がちゃんと、「お願いします」という姿勢になっているかどうかは重要ですね。ちゃんと信じる気持ちというか、身を委ねる、ゲタを預けるという気持ちは大事です。受け手側の根底に何かがあると、効きが悪くなるんです。術者がやってあげたいと思えないというケースもまれにありますね。「私は他にこういう先生のところにも行っていて」みたいな話をされると、「じゃ、そっちに行けばいいじゃない」と（笑）。プラシーボとはまたちょっと違って、レセプター、自分がちゃんと受け取るという状態にあるかどうかは、かなり大切です。だから、「お願いします」という気持ちは大切です。

捨名　信じる力が重なったほうが、現象が早く立ち上がりますね。「私のどこが悪いのかわかる？　当ててみなさい」という態度だったら、「お帰りくださいい」ですね（笑）。

望月　試すみたいな感じですね。

捨名　私は預言者じゃないので、わかりませんと言いますね。

望月　ゲートオープンをしてもらった人でも、最初から手応えを強く感じる人と、そうでない人がいるので、それは接触の機会を増やしてあげることによって、「なるほどね、私も使えている」ということを実感していく。とにかく毎日使うこと、人にやってさしあげること、そしてやりあいっこできる仲間をつくることが大切です。そういう意味でも、名古屋Ｌａｂｏという場所は重要です。

捨名師匠ができることは、みんなも必ずできる

望月　自信を持つまでに時間がかかる方は、「捨名師匠がすごいのはわかるんだけど、私は……」とずっと言っている。「そういうのなくてイイよ。そういうの聞くと神様はがっくりくるんだよ」と伝えるのですが、「そうですよね、でも……」と。「でも」が続く（笑）。

僕はね、そういう考え方は、その人の趣味みたいなものだと思っているから、「そう思いたいなら、しばらくそこにご滞在されて、湯治のごとくゆっくり浸かっておられれば」と

しばらく放っておきます（笑）。

今はもう、どんどん次のステージが始まっています。トップランナーの人たちが背中を見せてグイグイ引っ張っていってくれています。

一方で、グイグイ前へ出るようなタイプじゃない人も、着実にソルライツを自分のものにしていってくれています。自分の神様との対話を深めて、結構すごい結果をみんな出しています。みんなには焦らなくていいんだよ。焦らず自分にできることから一歩一歩楽しんでやっていけばいいんだよと。

でも実践と行動はするんだよと。捨名師匠が何度も何度も言っているように、捨名師匠ができることは、みんなも全部できる。時間がかかるということはあるかもしれないけれど、みんな必ずできる。いずれみんな必ずリーダー、先生とかになっていくんだからねと。みんな着実に成長しているし、後に続く人たちに親切に教えてくれているのを見ると、とてもうれしいです。

捨名　直弟子は、1期が40人で、2期が60人ぐらいでしたね。

望月　最終的に残ったのは70人程ですね。

捨名　結果的には、全体にどんどん仕上がっています。

捨名　底上げがね。

望月　その2年の直弟子コースを終わった人たちは、一生の学びという段階に入っていく。ソルライツ・チューニングの学びは、一生ずっと続くんです。むしろ、死んでも終わらない。終わらない楽しい学び。いのちと神世についての学び。

弟子に幸せの近道を教える

捨名　今後、僕は弟子の育成に専念する予定です。困った人がいれば、時々助けてあげるくらいです。

望月　捨名師匠は、いい意味で全くこだわりがないんです。地球の憂鬱を晴らすということと、五世代、六世代先の地球がこうなっていたらいいというのと、そこで僕らの傘の下に入ってきた弟子たちが幸せになってくれたらという願いぐらいしか欲がないんです。

僕は、じゃあそれを三次元に落とし込んだときに何が必要になるのかとか、こういう理念だよということと、それぞれが何をしたらいいのかということを示す立場です。苦痛なことではなく、その人の喜びと本分につながるものは何なのか、みんなが一人ずつ答えを出していこうね、ということ。それから直弟子や会員さんを見ていて思うのはこの年齢になって友人ができるというのは、幸せだよなあということ。そういう仲間が増えていくように、それが継続していけるように、みんなが豊かになっていくための仕組みをつくりました。

僕がやるべきことは、弟子たちに正確に価値を理解させることと、環境をつくること。それと師匠が言葉にしないことを汲みとって教え諭したり。後は、僕にしかこない神様からのメッセージがあるんですよね。最近本当にそれがすごい（笑）。セッションやってても、あんまり自分でしゃべってる気がしない。これは名古屋Laboにいる時間が長いからと、あとはソルライツへの貢献に対するご褒美だったり、この間の自分の誕生日のときにもらった神様からのエネルギーのプレゼントだったりが大きいんだろうなと。

弟子たちがソルライツ・チューニングで食べていけるかどうかということは、いろいろ押さえなければいけないこともあるので、それは粛々とやっていきますが、基本的には弟子が、より弟子らしくなっていく環境をつくっていく。つまり一番は教育。その次に入ってくる人たちは、彼らの背中を見て学んでいくので。最終的には、それは弟子のみんなのためになる。

捨名　でっかい巣箱の中で、直弟子たちに幸せの近道を教えている。餌のとり方を教えて旅立たせるのが僕の仕事です。

望月　本当に手取り足取りやってあげていると思いますよ。でも、飛び立とうという自分の意思が、最後には必要になってくる。ちょうどその段階に来たかなと思っています。「怖いかもしれないけれども、飛び立ったら気持ちいいよ。世界が待っているよ」「捨名師匠におんぶにだっこなのはこの2年間だけだよ」と。

捨名　カモメさんでも飛び方を覚えるまで何回もボチャッと海に落ちますからね（笑）。

望月　シャチか何かに食べられたりして、片足がもげました、とかさまざまな試練もありますね（笑）。

捨名　でも、みんな友だちみたいだなと思っています。

望月　「巣箱の掃除をしている人、あれが捨名師匠です」「エエーッ」みたいな、そんな感じですか？（笑）。

そういう意味で言うと、捨名師匠がニコニコしながら毎月手渡ししてくれている「教え」というギフトは、陽の、表の部分。目の前で見せてくれる奇跡の数々も、その背景には、捨名師匠が30年たった一人でやってこられたという歴史があってのことです。弟子たちは決ってしてそれを忘れてはならない。自分が捨名師匠から受け取っているものの本当の価値を理解できなきゃいけない。表面上のことだけで捉えているようでは、弟子としてはまだまだです。今こうしているさなかも、とんでもないNDが師匠のところにやって来た、ということもあります。捨名師匠のお勤めは、この次元の話だけではないので、そりゃあ大変だと思います。夜眠りにつくと、多次元宇宙での仕事が始まるわけですから。神様と悪魔と同じように、全てのことには表と裏があり、見えているものだけではないんです。弟子たちは、視覚として見えているものだけじゃない、後ろにある何かまで見えてくると、よりエネルギーのことも理解できるようになるんです。

捨名　どんどん成長していきます。

望月　講座とかでも、最初のうちはモニターさんやクライアントさんが来ると、捨名師匠が施術用のベッドをとりに行っちゃったりして、「いやいや弟子がまず動かないと」みたいなこともありましたね（笑）。でもそういう背中を捨名師匠から見せてもらってきたから、今は何にも言わなくても直弟子たちが、講座の準備のためにテーブルを動かしたり、講座が終わったらもとに戻すなど自然にやってくれる。そういうのってけっこう大切だなあと思っています。そして、新たに入門して来る人たちは、必ずそういうところを見ていますから。今のお弟子さんたちを見ていて、そういう所が本当に誇らしい。

〈体験談〉ソルライツ・チューニング　感動・感謝の声

◆長岡様　秋田県　40代　男性　治療家

初めてお会いしたとき、たった数分の施術で長時間の運転の疲労感がとれ、帰りの移動もすっきりでびっくりしました。

◆林ゆう子様　東京都　60代　女性　シン直弟子

医師の診断では、加齢による骨変形といわれた手首の激痛、腫瘍の疑いも有りだったのですが、捨名師匠に診ていただき痛みがなくなり、骨変形の形跡も消えてしまいました。本当に感謝しています。

また、あるときは、息をするのも辛いほどの腰痛が「これからやるね」とおっしゃった3秒後には痛みが消えていました。師匠、本当にすごいです。

◆山下なおみ様　広島県　60代　女性　直弟子修了生

いつも元気な母から「高血圧と頻脈が辛いので病院で検査したい」と連絡が来ました。検査と並行して私もヒーリングを行い、こういったものには疑り深い母が3回目のヒーリングの後「足の裏から蒸気のようなものが抜けた」と。それからは高血圧、頻脈の発作が一切起きなくなり、しばらく外出も控えていた母が、社交ダンスを再開し元気に暮らしています。

◆横田真也様　兵庫県　60代　男性

右足の付け根の痛みから、足を引きずって歩くようになり、膝腰に痛みが拡がり歩行困難になりかけていました。チューニングしていただいた数分後には足を引きずらないで歩け、今では痛みのない毎日です。感謝します。ありがとうございました。

◆N様　神奈川県　70代　女性

２０２１年６月にファーストゲートオープンに参加、その年の８月に心不全で救急搬送されました。手術を受け退院後９月にモニターとして捨名師の施術を受けました。ご縁をいただき、息子が直弟子に。命を救われた２年間でした。この体験を人に伝え次世代につなげたいと思います。感謝、感謝。

◆生観院小町①　沖縄県　30代　女性

捨名師匠はことあるごとに「愛だよ」と相手を思いやることの大切さを教えてくれました。〝思いやる〟とは、〝愛〟とは、をご自身が体現され、それを目の当たりにし、じわりじわりと今なお「そういうことか」という学びが続いています。

◆生観院小町②　沖縄県　30代　女性

生理不順で４カ月も生理が遅れており、肌荒れもとてもひどい状態のときに施術していただきました。その翌月から毎月生理が来て、数カ月をかけて肌の状態もとても良くなりきれいになりました。また、顔の骨格も調整していただき、小顔でバランスの良い顔立ちになりました。女性としての当たり前を取り戻し、心身ともに整い幸せを実感しています。また、講座で毎回驚きだったのは捨名師匠の知識量です。私は看護師をしているため、解剖生理学や術式は熟知していますが、医療職でない方がこんなにも解剖や術式、東洋医学も含めたさまざまな広く深い知識を持っておられることに本当に驚きます。師匠の30年以上の勉強と実績からたくわえられた知識や技術を凝縮して教えていただいた2年間は私の宝です。

◆みな様　福岡県　40代　女性

乳癌で左胸を全摘し、人工のパッドを入れたのですが、垂れた片方の胸と合わせてもらおうと位置を下にしてもらいすぎてしまい、結果下着がひっぱられて肩もこり地味にしんどい状態でした。その人工パッドの位置をエネルギーで上げてもらい一気に悩みが解消されました！　ありがとうございました！

◆I・K様　東京都　女性

「希望の会社に就職したい」という想いをお伝えし、チューニングしていただきました。３日後、希望の会社に就職が決まりました。

◆Ｔ・Ｙ様　福島県　50代　男性

３年間、睡眠薬なしでは眠れない症状に悩んでいました。ソルライツのトリニティ・チューニングを受けたら、眠れない夜から解放されました。

◆扶逸　東京都　40代　女性

10代の女性へのモニター施術を見る機会があった。目は曇り、覇気もない様子。師匠が触っているだけで表情が明るくなり、生気が戻るのを見て直弟子入門を決めた。

◆生観院隆斎　50代　東京都　男性　シン直弟子

それなりに順調な人生を歩んできた私ですが、還暦を過ぎて、結婚生活も含めたほぼ全てを失うほどのどん底のときに、セッションをしていただきました。すると住居が決まり、離婚届もいったん保留になり、まさに奇跡的な変化が立て続けに起きていったのです。別居生活をしていた妻とも、再び一緒に暮らし始めることができました。このソルライツの起こす奇跡は、私の人生の軌跡そのものです。

◆生観院首里防人① 沖縄県 50代 男性 シン直弟子

あるとき、私の気になる部分舌下の腫れをみていただきました。捨名師匠は、その場で癌の可能性ありと判断。状態を他の弟子たちとも確認の上、翌日まで時間の許す限りに対面・遠隔と施術いただきました。最後には、「もう大丈夫です。念のため口腔外科で検査を」と。検査結果は脂肪腫（無害）でした。弟子仲間も、その差がわかるほどの変化でした。何気ないご縁から、捨名師匠と出会えて、こうして命に関わる施術もしていただき、「感謝」という言葉で言いつくせない繋がりの尊さを感じています。

◆生観院首里防人②　沖縄県　50代　男性　シン直弟子

娘が進路や体調、人間関係で悩んでいました。あるとき、遠方にいた私に家族から「娘が帰って来ない」と連絡がありました。たまたま捨名師匠が側にいらっしゃいましたので、すぐにその場でチューニングしていただきました。捨名師匠は「もう大丈夫だよ」と一言おっしゃいました。翌日、家族から娘が戻って来たと連絡が入り、ホッと胸をなでおろしました。あらためて捨名師匠のお気持ち、お言葉とエネルギーに驚愕と安堵を感じさせていただきました。

◆大地土皇　福岡県　40代　男性　シン直弟子

ソルライツに出会い、人生が良い方に変っていくことを何度も経験しました。

20年間悩んでいた首の痛みがなくなり、肩の可動域が改善された。

妻が不妊治療中だったのですが、捨名師匠に魂の御縁つなぎをしていただき、子どもを授かりました。

２年ほど売却できなかった土地をチューニングすると買い手がついた、事業の補助金がスムーズにおりた。長年苦しんだ人間関係の問題も改善されて、今はほとんどストレスを感じることがありません。

◆田中俊和様　千葉県　50代　男性　シン直弟子

目の前で起きる奇跡！　難病で介助が必要だった人が捨名師匠のチューニングを受けた。帰りには何ごともなかったように、持ってきた杖を忘れて帰るほど元気にスタスタと歩いていく。普通ではありえない光景が現実に起こる。このようなことを私は何度も経験し、目撃し、驚愕した。この感動は私の目に焼きつき、一生忘れることはない。そして、「私も捨名師匠につづく」とあらためて誓う。

◆生観院蓮月華　栃木県　60代　女性　シン直弟子

交通事故の後遺症で長年頸椎ヘルニアに悩まされ、両膝も水が溜まっていて浮腫と痛みで正座もできませんでした。階段の昇り降りは手すりを頼りに1歩ずつ、という状態で、外出も億劫でした。チューニングしてもらい、一生続くと思っていた痛みから解放され、将来に希望が持てるようになりました。今は手すりに頼らず荷物を持って楽に階段を昇り降りできるし、正座もできます。

また重度の花粉症で40年以上もの間、1年の半分以上はアレルギーの薬を飲み続けてきました。免疫力強化のチューニングにより、今は全く薬を飲んでいません。あれ程苦痛だった春、マスクなし、薬なしで過ごせています。薬を服用しなくなったからか毎日快眠、快便で頭痛もしなくなりました。

◆S・S様①　神奈川県　50代　女性　シン直弟子

頸椎椎間板ヘルニアで左手が痺れておりましたが、捨名師匠の施術で、神経に当たっているところをチューニングで削っていただきました。整形外科の医師には「痺れは一生取れない」と言われていたのに、症状がなくなり、とても感動しました。

あるときは急に頭痛がして、下半身が冷えて震えが止まらなくなり、捨名師匠の施術で症状が治まり、帰途につきました。捨名師匠が、その後に追いエネルギーで遠隔チューニングしてくださったと聞き、弟子のことを気にかけてくださる捨名師匠の愛の深さに涙が止まらないほど感動しました。

◆S・S様②　神奈川県　50代　女性　シン直弟子

若い頃にスポーツをしていて、脳しんとうで記憶がなくなる経験を4回もしました。その影響から、私は普段から、はたから見れば明らかに呂律が回らず、話すスピードもものすごくゆっくりだったのですが、チューニング後、周りが驚くほど、全てが改善して、今では全く普通に喋れるようになりました。

日常生活が快適になり、感動するとともにとても感謝しています。

◆K・T様　愛知県　50代　女性

ファーストゲートを開けていただき、捨名師匠から「毎日使うとエネルギーも強くなるよ」と言われました。あの日から毎日楽しく使っています。大丈夫という安心感と信じる気持ちが強くなりました。生きることが楽しくなりました。ありがとうございます。

◆将陰　大阪府　50代　男性　シン直弟子

昨年、ひどい血便が続き、自分が〝かなり悪く、ヤバい状態〟を覚悟したことがありました。精密検査をすることになりましたが、そのときすぐに捨名師匠が遠隔と対面で計2回施術してくださいました。

すると、その日からあれだけ派手にあった血便がピタリと止まり、良い状態で検査の日を迎えました。検査の結果は異常なしでした。捨名師匠があのタイミングで施術をしてくださったから悪い物が消失し、正常に戻ったのだと、喜びとともに感謝しております。捨名師匠のエネルギーは、大きく温かく心地がいいです。

◆開耶　東京都　60代　女性　シン直弟子

友人が「一週間前から背中が痛い」と言うので、痛い左肩甲骨周りをほんの2〜3分チューニングしました。「痛いのが取れた！」と、それ以来、彼女は私のファンになりました（笑）。

◆三森弥生様　宮城県　50代　女性　シン直弟子

10年間、幻肢痛に苦しんできた方にチューナー3人によるトリニティ・チューニングを行いました。

その後、時々襲ってきていた激痛は起こっていないとのことです。

この方は、視覚的にも変化がありました。ズボンのベルトを締めるところが穴2つ分細くなり、体のラインがスッキリとしました。顔色も良くなり、目の輝きが増した様子です。

「これからはソルライツ・エネルギーを使って、周りの人たちを幸せにしていきたいです」と新たな人生の目標を設定なさり、魂が輝き始めたようにお見受けしています。

◆生観院愛母①　沖縄県　50代　女性

私は目に見えない世界を仕事とし、その分野の書籍をたくさん読み、この方はと思う方々のお話を聞くなどしてきましたが、いつも何かが違うと感じていました。講座で捨名師匠がお話になることはいつも気持ちのいいど真ん中。どストライクの連続でした。目に見えないエネルギーのことについても理論的に説明してくださり、理論矛盾は一切ないのです。真実はシンプルで明快で美しく深淵であると教えてくださいました。

捨名師匠にご指導いただいた方法で宣言したら、事故の後遺症による痛みが改善し、良い状態を保っています。

人生は自分自身を新たに発見することでいただいた学びの理解を深める道であることも教えていただき、感動と感謝の日々を送っています。

捨名師匠、ありがとうございます。

◆生観院愛母②　沖縄県　50代　女性

モニターとして施術していただきました。気力、体力の低下、体重の減少、たびたび気を失い数時間意識が戻らない原因不明の症状でした。

捨名師匠がなさったのは、第二次世界大戦のときに沖縄戦で犠牲になった沖縄本島から八重山諸島までの戦没者23万人の英霊を魂の故郷へ還してさし上げたということでした。事情により23万の魂が戦後80年近くも足止めされていたそうです。戦争により天寿天明を生ききることができなかった23万の命に想いを馳せる捨名師匠のご様子に震えました。命がけで対応してくださった施術後の捨名師匠を直弟子皆で静かに囲み、チューニングする様子は感動的でした。

◆生観院キキ　神奈川県　60代　女性　シン直弟子

髪を染めた直後から激しい嘔吐、下痢、頭痛で動けなくなってしまいました。そのとき捨名師匠がスプレーボトルの水にエネルギーを入れてシュッシュッと振りかけてくださいました。

すると苦しみがウソのように治まり、起き上がり歩けて、笑えるようになりました。

また、あるとき息子が事故で肩の亜脱臼と剝離骨折をしました。捨名師匠が息子に遠隔でエネルギーを送ってくださいました。そうしたら息子は〝全く痛くなかったので痛み止めを飲まなかった〟そうです。おかげ様で息子は医師の見立てよりもずっと早く治り、日常生活を送れるようになりました。ありがとうございます。

◆久実様　愛知県　50代　女性　シン直弟子

２０２1年8月ごろからシェディングが原因と思われるが、毛穴から粘液が出て、頭皮がひどいことになり、抜け毛も凄かった。このエネルギーが使えるようになったので、日々の頭皮ケアにもエネルギーを使い、捨名師匠や直弟子仲間のエネルギーも送ってもらい、２０２2年11月にスッカリと頭皮はきれいになった。捨名師匠やソルライツエネルギーとの出会いがなければ、このように改善できたかはわからない。感謝。

◆野原礼子様　岐阜県　40代　女性　シン直弟子

私は直弟子コースに進んで約半年で、離婚をしました。離婚話が出てから決着するまで、3カ月だったのですが、直弟子講座が楽しすぎて、辛い話し合いが待っている家に帰りたくないと言ったことがありました。そんな私に、捨名師匠は話し合いがうまくいくようにというチューニングをしてくださいました。不要なご縁に対しては神様はバッサリいくなどと教えてくださったことも、大きな決断をする後押しになりました。こんなに早く話し合いがうまくいったのも、捨名師匠がチューニングをして、私の未来の歯車がうまく回るように調整してくださったおかげだと思っています。離婚して自由を手に入れて、現在シン直弟子ステージにも参加し、ソルライツ・チューニングを実践できていることにとても感謝しています。

◆Ｉ・Ｓ様　千葉県　70代　女性

脳下垂体腫瘍切除手術。手術前からチューニング開始。当初２回手術予定であったが、１度の手術で済み、術後１年を経ても、切除後の脳下垂体の肥大は認められない。

◆Ｉ・Ｉ様　千葉県　60代　女性

脳梗塞で約１日未発見の状態からチューニングを開始。直弟子総出のエネルギー照射も含めた施術を受け、約４カ月後に退院。右半身が動かない状態から、日常生活が送れるところまで回復した。

◆H・A様①　福島県　40代　男性

30年間、特に冬には真っ直ぐに上がらなかった右肩が、ソルライツ・チューナー3人によるトリニティ・チューニングを15分受けたら、耳につくほど上がるようになり痛みも消えました。もう数カ月経つのですが、今現在も良い状態です。

◆H・A様②　福島県　40代　男性

バイク事故と格闘技のケガで痛めた首と膝、腰は40年間ひずみが起きると不安定で、特に膝と腰痛には悩まされましたが、ソルライツ・チューニングにより調和のとれた身体になり、顎関節症も治りました。

◆K・A様　福島県　20代　男性

ゲートオープンした父と話していたら、暗闇の中で引きこもりがちだった私の心の中に光の天の川が現れた。その光に導かれ引っ越し、就活。大雄さんのトリニティ・チューニングや靈王さんのセッションを受け、そして今は教職についています。

◆生観院愛溢　大阪府　40代　女性

健康診断や体調不良で見つかった子宮・大腸・脳などへの異変。手術や精密検査の診断を受けた方々に対しソルライツ・チューニングをさせていただいた。結果、手術不要、精密検査で異常なし、レントゲンに写っていたはずの腫瘍が消えていたなど、感謝していただく事案が続いた。また第二子不妊の方に、待望の赤ちゃん誕生などの感動報告もうれしすぎて涙が出た。捨名師匠による奇跡の施術を直弟子として直接見て学んだからこそ、自信を持って、目の前の人のより善い未来を願ってエネルギーを届けられる。笑顔溢れる瞬間に立ち会えることに感謝です。

◆S・R様　東京都　60代　男性

捨名師匠が施術モニターの方にチューニングしていたとき、周りにいた直弟子たちの思いが1つになった。そのときの皆のエネルギーが、眩しく輝き捨名師匠に注がれていたのを今もはっきり覚えています。目に視えていることが全てではないことが実感できた瞬間でした。

◆H・E様　東京都　60代　男性

【音域がみるみる上がっていく】エンターテインメントをお仕事としている方がチューニングをしてもらっていると、その方の音域がみるみる上がっていく、1オクターブ、いや2、いやいや3？　まさに感動的。みんなその方の歌を涙して聞きほれていました。

◆生観院円　愛知県　20代　女性　シン直弟子

以前の私は、何か不測の事態が起きるとどうしようもない気持ちで、ただそこに立ちすくむだけでした。ゲートオープンしていただいてからエネルギーという強い味方を得て、自分にも必ずできることがあり、それはきっと相手の方だけでなく、自分自身を救うことにもなると思います。このことは私にとって何ごとにもかえられない、かけがえのないものです。このエネルギーの魅力は、「イメージにより自由自在に工夫できる」、「意図するだけでどのようにでも活用できる」ところです。「エネルギー任せでも大丈夫」なところもソルライツならでは、です。ソルライツは、心身の癒し、物ごと、空間へのアプローチに加えて、気づきを促す力もあるエネルギー。まだソルライツのエネルギーをご存じない方々に私の言葉が、こんなエネルギーがあることを知っていただくきっかけになるとうれしいです。

◆三森弥生様②　宮城県　50代　女性　シン直弟子

50年来の便秘が解消。物心ついたころから特殊なタイプの便秘で数日間排便しなくてもお腹は全く苦しくなりませんでした。病院での処方薬を始め、漢方、食養生、アーユルヴェーダ、代替医療など、あらゆる手法を試してきました。それらは実践中は排便があるのですが〝やめると出ない〟を繰り返してきました。捨名師匠のソルライツ・チューニングを受ける機会に恵まれ、今は定期的にしっかりと排便でき、身体も心も軽やかになり、人生をより楽しく生きられるようになりました。

◆江口萌望様　東京都　50代　女性　シン直弟子

長年の運動不足からか姿勢が悪くなり、巻き肩になっていて腕が後ろに上がらない状況でした。

ソルライツのエネルギーにより、その場で巻き肩が改善し、後ろに上がらなかった手がずいぶん上がるようになりました。

その後は生活習慣や姿勢にも気をつけて生活し、もう少しで後ろ手握手ができそうです。

◆S・R様　東京都　60代　男性

自分が辛かったとき、捨名師匠が闘魂注入してくれて、涙が止まらなかった。今も心の支えとなっています。師と弟子の関係を歩んでいきたい　もっとたくさん学びたい、そんな想いでおります。

◆生観院須弥　60代　秋田県　男性　シン直弟子

捨名師匠に〝人生の制限解除〟をしてもらった翌日、ふと妹のことを思い出しました。妹は東京在住で、子どもがその年名古屋大学に入ったことを思い出し、タクシーの運転手に「名古屋大学ってここから遠いんですか？」と聞きました。そのとき、窓の外を見たら、なんと、妹が歩いているではありませんか！

私は、運転手に車を止めてもらい、降りて妹に声をかけた。妹はしばらく何が起きているのか理解できず、戸惑っていました。

大都会の名古屋で、しかも講座の会場近くで、妹と偶然会うなんて、10秒ずれていても会うことはなかった。

そのタイミングで窓の外を見ないと、会うことは絶対にありえないことでした。

捨名師匠に天機を切ってもらってすぐの翌日に、こんな偶然が起こったこと、

私は、神様が自分の存在を私に知らせるためにしてくれた、ありがたいいたずらだと捉えています。

◆T・K様　神奈川県　50代　女性

ゲートオープンしていただいたことで私自身も施術ができるようになり、無気力だったクライアント様の息子さんが充実した学生生活を送ることができるなど、私にとって第二の人生を歩ませていただいております。

◆T・M様　神奈川県　60代　男性

人生が変わりました。これは目の前の物事をどうこうするだけのものではなく、地球の行く末、宇宙の行く末までも影響を与える力があります。しかし、それはそもそも我々が持っていて当然の力だと思います。

「ソルライツ・チューニングLabo名古屋」のご紹介

ソルライツ・アソシエーションの統括機能を有し、最高顧問・生観院捨名師の直接監修のもと、ソルライツ・アソシエーションの中心・基点としての役割を担う、ソルライツ・チューニング名古屋本部道場に併設された、ソルライツの施術メニューを直接体験できるサロン。
日本中からソルライツ・チューナーを招聘し、高品質のサービスを提供するとともに、全国展開に先立ち、さまざまなメニューを開発運用するラボ機能も有する。

捨名師、及び神々による精密なエネルギー調整によって、細部に至るまで聖なる波動が満ち溢れ、高次元のエネルギーフィールドが創造されたこの場は、従来のサロン・ラボの範疇を超え、高みを目指す弟子たちの研鑽の場であり、訪れる人々の心身と精神を癒し、より高次元の意識へと導くソルライツ・チューニングにおける、聖域（サンクチュアリ）である。
捨名師の神眼が捉える、宇宙創造の瞬間と、創造神（大神）を描く神画【ビックバン・宇宙創生】が掲揚される。

〈所在地〉
〒 460-0008
愛知県名古屋市中区栄五丁目5番4号
BELLE　PARK　FRONT 3階フロア

Sol Lights Tuning Labo

〈Webサイト〉
https://sol-lights.or.jp/

宣誓

私たちが提供する商品・サービスは愛と光そのものです。

その愛と光によって
宇宙、地球、そしてこの日本を明るく照らし
5世代、6世代先の子どもたちへ
幸せと豊かさと笑顔を遺していくことが
私たちの使命であり、喜びです。

その世界の実現のために
私たちはまず自分を幸せにすることから始めます。
自分自身を正しく見つめ、識り、認め、赦し、愛し
自分の家族はもちろんのこと
仲間やクライアントの、お客様たちのご家族をも
自分自身のファミリーとして大切にし
日々学び、そこで得たものを、焦ることなく出来ることから
一歩一歩楽しく実践・行動します。

この熱い想い、感動を胸に
自らの肉体と声と心と魂を最大限に発揮し世に伝え
命果てるその時まで、またその後も
この世界をあまねく照らす光として存在し
仲間達と共に地球の憂鬱を晴らしていくこと
晴らしていける人達を
喜びを持って育んでいくことを

今日ここに誓います。

ソルライツ・アソシエーション会員、ならびにソルライツ・チューニングLabo名古屋スタッフの日々実現していく姿、その具体的実践のために書かれた文書

14. ただし、速やかに行動に移すこと。やらずにあれこれ憶測するよりも、やってみたらわかることの方が多い。
15. 長所も短所も全部ひっくるめて、それが私で、それで100%の私で、200点満点の私。
16. 自分を好きになること。自分をいくら嫌っても引っ越しはできない。世界中が敵に回っても、最大の味方が自分であれば、その人は幸せである。
17. 人生は一生の学びである。学びは楽しく行うこと。仕事も楽しくなるように工夫すること。自分の意識次第で大抵のことは楽しく出来る。
18. 人生は色々あるが、その時、その瞬間は二度と訪れない。故にその景色を楽しむこと。
19. 私たちは、出逢いを通じて様々なものを受け取るために生まれてきたのである。出逢いと会うことを疎かにしないこと。出来れば、直接会うこと。
20. 師匠から得た学びとその価値を正しく理解し、それらを伝え、そのレガシー（遺産）を次世代の子どもたち、若者たちに伝承し、継承していくこと。
21. カッコイイ大人であれ！

私たちが人生で大切にしたい21のこと

1. まず自分を幸せにすること、幸せであることに気づくこと。
2. お金について正しく学び、豊かさを恐れず受け取ること。
3. 自分にとって大切な人を大切にしていくこと。
4. 子どもは国の宝であり、宇宙の宝である。のびのび育て、大切にすること。
5. 常に楽しいこと、愛するものにエネルギーを注ぎ、自分の可能性と自分の中に居る神さまを信じること。
   また、その神さまと対話すること。
6. 挑戦や失敗を恐れないこと。変化は恐れず楽しむこと。
7. どんな時もユーモアを忘れないこと。クスッと笑えれば大抵なんとかなる。
8. 肉体を離れるときに後悔を残さない生き方をすること。
9. 日々、感動に触れること。
10. 出来ない理由を考える暇があるなら、どうしたら出来るかを考える癖をつけること。人生は、習慣と意識で形成されるものである。
11. 出来ないことを努力するより、出来ないことを良い意味で諦めて、出来る人にお願いできる人になろう。
12. 逆に、自分にできること、喜びとすることで貢献しよう。但し、自己犠牲は厳禁である。
13. 出来ることから焦らず一歩ずつやっていくこと。焦りは事故の元。

第2章

ジル・ブレイクウェイ氏　インタビュー

参加者：ジル・ブレイクウェイ氏
望月龍平氏
生観院捨名師
通　訳：上野山香織氏
2023年2月27日　オンラインにて実施

〈プロフィール〉

ジル・ブレイクウェイ（Jill Blakeway）

ニューヨーク市の「The YinOva Center」の創設者兼ディレクター。ベストセラーとなった『Making Babies：最大の生殖能力のための実証済みの3カ月のプログラム』と『Sex Again: recharging your libido』の著者でもある。サンディエゴとシカゴにあるパシフィック・カレッジ・オブ・オリエンタル・メディスンの博士課程で婦人科と産科を教え、ＮＹＣルーテル・メディカル・センターで鍼治療プログラムを設立。代替医療と女性の健康の権威であり、主流メディアはもちろん、ＣＢＳラジオ「Grow, Cook, Heal」のホストとしても人気。２０１２年にＴＥＤグローバルで「プラセボ効果」と呼ばれるＴＥＤトークを行った最初の鍼灸師でもある。著書『エナジー・メディスン（Energy Medicine: The Science and Mystery of Healing）』の中で、生観院捨名師について紹介している。

ジルさんと捨名師との出会い

望月　これまで、ジルさんは世界中の治療家、ヒーラー、ドクターと出会ってきたと思いますが、捨名師匠の「ほかの方とはここが違う」と感じるところを教えてください。

ジル　私がこれまで取材してきたヒーラーの方々は、何かしら似通った点があります。その共通点は、意識を拡張させることによって、聖なるものというか、宇宙意識とつながることができるということです。

捨名先生がほかのヒーラーたちと異なる点は、才能の差だと思うんです。あと、やはり慎み深さですね。あれほどの才能を持ちながら、あれだけ慎み深くいられるというのはすごいことだと思います。

望月　ジルさんの著書『エナジー・メディスン』の中で、捨名師匠と出会ったきっかけはエリック・ペパー教授からのご紹介と書かれていますが、そのペパー教授とは、そもそもどのようなご縁でつながったのでしょうか。

ジル　バイオフィードバック（生体自己制御）を実践している心理学者を通して、ペパー博士と出会いました。

望月　ペパー教授からは、捨名師匠についてどのように聞いていらっしゃいましたか？

ジル　ペパー教授に「エナジー・メディスンという本を書くんです」と伝えたところ、「それじゃあ、日本に行かなくちゃいけないね」と言われました。そして、川上光正先生（ヨガ・瞑想の指導者）と捨名先生という2人のヒーラーをご紹介いただいたのですが、全然違うタイプの方たちでした。

当初は、実際に日本に行くかどうか決めていなかったのですが、まずは捨名先生のワークを受けたことがある方と話してみたいとお願いしました。そして、イスラエルの神経心理学者であるユヴァル・オデッド氏の話を聞いて、これは絶対に会いに行かなくてはならないと確信したのです。

望月　本の中で、実際に捨名師匠に会った際に、捨名師匠は、通訳の方が微妙なニュアンスを酌み取れているか、また、捨名師匠が伝えたいことがきちんとした形で伝わっているかを気にかけていた、と書かれています。初めて会ったときは、どのような印象を受けましたか。

ジル　会った瞬間に好きになっちゃいました（笑）。とても優しい方だなと思いましたし、非常に興味深い方だと思ったんですね。ただ、本当に心を許してくれるまで、というか、信頼して本当のことを伝えてくださるまでには、少し時間がかかりました。

望月　それはよくわかります。今、弟子たちに対しても、あるステージに到達しないと教えてくれない事柄があったり、ここの段階まで来たからこそ話してくれるというようなことがあります。捨名師匠がこれまで見てきたことや経験してきたことを、今こんなことを言ってもわからないだろうなとか、普通は信じられないだろうという相手に対しては、無理にわかってもらおうとしないということが、理由の1つだと感じています。

ジル　彼はセールスマンではないですものね。

望月　本の中に、「捨名先生がユヴァル氏とスカイプで話したときに、ユヴァル氏の奥様に健康上の問題があるとわかっていた」という記述があります。そのエピソードについて少しお話しいただけますか。

ジル　だいぶ前のことなので細かい部分は忘れてしまったのですが、ユヴァル氏のお子さんがスカイプで捨名先生に診ていただいているときに、その横にいた奥様に婦人科系の問題があるんじゃないか、ということがわかったそうです。

望月　捨名師匠、そのときのことについては覚えていらっしゃいますか？

捨名　もう忘れてしまいました（笑）。たしか、お子さんの股関節の問題と、奥様の子宮と心臓の問題でしたね。

ジル　そうです。お子さんには目の問題もありました。奥様のほうは、恐らく詳しくは診ていないと思いますが、たぶんおわかりになっていた。

捨名 「日本に来たら診てあげるよ」とうっかり言ってしまって。

望月 捨名師匠はそのオンライン面談の際に、奥様も診て差し上げたのですか？

捨名 そうですね。あと、ユヴァル氏のテニスエルボーも診ました。彼はそれで訪日を決めたそうです。

望月 捨名師匠はクライアントの体をご自身でスキャンしてみると、どこに問題があるかが見えますよね。Ｚｏｏｍやスカイプ越しで診るのと。生身の人が目の前にいるときでは、何か違いはあるのでしょうか。

捨名 全くないです。

望月 例えば画面越しでバストアップしか見えていない場合でも、ほかの部位もスキャンできるのですか？

捨名 わかります。

望月 では、おなかの調子が悪い方がいらした際に、「おなかが画面に映るようにしてください」とおっしゃるのは、よりイメージがしやすくなるからですか？

捨名 そうですね。

診たくない患者

望月　またジルさんへ質問です。

捨名師匠はクライアントに対して、ものすごく親切に、優しくヒアリングされるのですが、「この人はあまり診たくない」と、捨名師匠と師匠の神様が発動しないときがあるんです。ジルさんは、そういったことはありますか？

ジル　もちろん、私自身も時々そういうことがあります。恐らくそれは私たちが単に患者様という小さなスケールだけでなく、もっと大きな流れとともにワークしているからだと思うのです。私は神ではないので、なぜそういうふうに感じるのかはわかりません。捨名先生もそうだと思うのですが、とにかく私たちは自分の持っているサービスを提供して、そこからどうなっていくのかは神様次第、といった側面があると思います。

望月　このエネルギーによって、効果が出やすい人と出にくい人がいますが、ジルさんはそのあたりはどのように感じますか？

ジル　人によりますね。エネルギーの効果があらわれやすい方もいますし、その方の病状や問題が、エネルギーの介入しやすいものであるケースもあると思います。

ときに、患者様ご自身が、私たちにはわからない旅の過程にいる場合もあります。

私自身がホスピスで働いていたときの実体験ですが、激しい痛みのために病院中に響き渡るような大声で泣き叫んでいる患者様がいました。痛み止めをたくさん処方しても、まだ痛みがあるのかと信じられないくらいでした。もちろん、本人にとってそれはすごく大きなストレスですし、それだけでなく、スタッフ全員にとってもつらい状況でした。

亡くなる間際になって、その痛みを少しでも軽減するために、背骨を切断するという処置をしたんです。そうすれば何も感じないだろう、と。ですが、いざ手術から目覚めたとき、その患者様はまたすごい痛みで叫び出したんです。医者からすると、理論的には絶対にあり得ない話です。

そのときに思ったのは、これは彼の「カルマ」によるものではないか、と。もしかしたら、彼が今生きている人生という旅の中では、痛みの中で死にゆかなくてはならないというカルマがあるのではないかと考えました。

望月　なるほど、僕はこれまでの人生の中で、いろいろなタイプの力を持った方とたくさん出会ってきましたが、捨名師匠と出会ったときに、「こんな人には会ったことがない！これはすごい」と感じたんです。ジルさんは、なぜ捨名師匠にこのような神がかり的な方法で人を癒やす力が与えられたと思いますか？

ジル　それは私にもわかりませんが、ただ、捨名先生には非常に深いスピリチュアルなつながりがあることと、それだけではなく、自分が与えられたスキルに対して真摯に取り組み、一生懸命にワークをされてきたということの結果だと思います。

施術は神様との共同作業

望月　ジルさんは鍼灸師として、もちろんツボや経絡について熟知されていますが、『エナジー・メディスン』の中に、捨名師匠の弟子の一人が経営している神戸郊外の診療所での出来事に関して、自分が鍼灸師としてツボや経絡にアプローチしているのと同じように、捨名師匠が施術していることにすごく驚いたということが書かれていますが、そのときに感じたことについて、もう一度お話しいただけますか？

ジル　中医学においては、気の動きの流れがあるわけです。私が彼の施術を見ていると、その気の流れに沿ってワークをしている。要は、それは経絡ということです。その際に、経絡の流れを整えることによって体に一貫性を持たせ、つまり体の中でのコミュニケーションがうまくいって、物質的な身体（肉体）と、気の流れる身体（エネルギー体）とが、同調、協調を生み出しながら、一貫性をもってつながれるようにワークされているように見えました。

望月 捨名師匠はツボや経絡などについて学んだ経験はあるのですか？

捨名 全くないです。

ジル それは私も見ていてわかりました。ごくごく自然に気の流れに沿っていらっしゃる。でもそれは、考えてみると、かつてのヒーラーや医者たちが自然とやってきたことだと思うのです。なぜなら、それが真実だからです。

望月 なぜ捨名師匠はそれができたのでしょうか。「こうしなさい」と神様がガイドしてくれたんですか？

捨名 施術を行うときは神様との共同作業で、体の中に入ってきて、神様が勝手に動いているんです。

ジル とてもインスピレーションを受けるやり方なのですが、いわゆる通常の医療についての知識も十分にお持ちなので、それを組み合わせているのがすばらしいと思います。

望月 目の前で捨名師匠がクライアントに施術しているのを見ていると、捨名師匠自身と師匠についている神様が入れかわる瞬間が、僕らもだんだんわかるようになってきました。

ジル とても興味深いことですね。

望月 本の中に、五十肩を訴えてこられた女性に対して、捨名師匠が背骨の側弯症を指摘したときに「(捨名先生は) 自分の力が弱まっていくのを感じると、彼は彼の導き手に祈った」という記述があります。もしかしたら、自分のエネルギー出力だけだと足りないと判断したのかなという印象を受けたのですが、その「祈る」ように見えたしぐさを覚えていますか？

ジル　(指を鳴らして) たぶん、こんな感じでした。だいぶ前のことなので、あまり覚えていないのですが、「さらに力をください」とお願いしていたのは覚えています。

望月　指を鳴らして合図をして、エネルギーを集めているという感じですよね。その際に、捨名師匠がジルさんに鍼を打ってほしいとお願いをして、鍼を打つジルさんの手の上に捨名師匠が手を重ね、エネルギーを送ったときのことも書かれています。

ジル　通常、自分で鍼を刺すときは、刺した鍼から気のエネルギーを感じ取るのですが、捨名先生が私の手の上に手を置いたとき、まるで電気が走るような感覚があったのを覚えています。鍼から出るエネルギーを、いつもよりずっと強く感じたのがわかりました。

望月　患者様に対する効果も、いつもより強く出ていたと思いますか？

ジル　絶対にそうだと思います。

望月　捨名師匠がクライアントと向かい合っているとき、「彼は完全に集中していて、そして安らいでいる。患者はすっかり受け入れられていると感じ、何の恐れも抱く必要がない」という記述があります。

ジル　捨名先生と話すことによって、患者がものすごく安心感を得ていることが見て取れ、とても印象的でした。治癒能力の非常に高いヒーラーの方々に共通しているのは、安心感とか安全でいられる感覚をつくり出す力だと思うんです。特に安心感があるとヒーリングしやすいですし、ワークはヒーラーのエネルギーとクライアントのエネルギーが出会う場であるわけですから、そのときに安心感があることはとても大切だと思います。

　捨名先生のワークのすばらしいところは、決して相手の良し悪しを判断しないことと、会ったその瞬間に安心感を出すことができることだと思います。

望月　捨名師匠は、施術が2～3分で終わってしまっても、コミュニケーションの時間のほうを長く取る場合があります。改めて、捨名師匠はどういう意図で相手とのコミュニケーションや安心感を与えることを大切にされているんでしょうか。

捨名　カウンセリングでは主訴を訴えてきますが、それだけでは引き出せない情報があります。あとは、もっともっと安心してもらえるように、という思いからですね。

望月　不安な気持ちや恐怖が治癒を遅らせることもあるので、そのあたりを注意深く見ているということですね。

ジル　恐れで人のエネルギーは縮こまってしまいます。逆に、安心感があるときは拡張します。やはりエネルギーが拡張しているときにコミュニケーションはとれるものですから。

捨名　愛ですね。

ジル　本当にそうですね。

望月　来日された際の最終日の夜、しゃぶしゃぶ屋さんで食事をしているときの出来事は、読んでいても非常にスリリングに感じました。そのときのお話を聞かせてください。また、そのときに捨名師匠が2本の指で心臓に向けて銃を撃つような動作をしたと書いてありますが、ジルさんの体の中で起きていた状態について、捨名師匠から何かお聞きになりましたか。

ジル　特に尋ねることはなかったのですが、ただ、あの本に書いたそのままのことが起こりました。私は生まれつき持っている心臓の状態で、頻脈になってしまうのですが、その頻脈の発作が起きたときに、通常、パッと治ることはないわけです。何らかの処置をして、ちょっとずつもとに戻っていく。それを捨名先生はパッと成し遂げたのです。まるで電気ショックをパッと当てるくらいの感じで、普通のレベルに戻してしまった。そのときに、捨名先生が何をどうしたのかということは、うかがっていません。

捨名　ジルだから話せるのですが、原因は、ネガティブ・ディバイン（ネガティブエネルギー世界における神格を持った存在）によるスピリチュアル・アタック（霊障）です。それが、僕が指で銃を撃つようなしぐさをした理由です。

望月 その後、体調はいかがですか。

ジル 実はとてもよくなっていて、発作もほんの時々です。発作が起こるときも、あれ以来、すごく悪い発作は出ていません。

捨名 よかったです。

ジル 本当にありがとうございました。

エネルギーヒーリングを取り巻くアメリカの事情

望月 ジルさんは、今、捨名師匠に診てほしいところはありますか。また、捨名師匠から診てあげたい箇所はありますか。

ジル ぜひ、捨名先生にお聞きしたいです。

捨名 左肩のこのあたり（自分の左肩の部位を指さす）に何か心当たりがありますか。

ジル 何か動きが悪いですね。

捨名 はい、ではやりますよ。（指を数回鳴らして、画面越しにエネルギーを照射しチューニングを行いながら）どうですか。

ジル　もう音がしなくなりました。ありがとうございます。

望月　ジルさんがお会いしたときも、すでに捨名師匠はすごい力を持っていたと思いますが、ここ数年、より速く、より深く診られるようになっていますので、再会を楽しみにしていてください。

ジル　本当に楽しみにしています。

捨名　できれば今年（２０２３年）か来年くらいには、弟子を連れてニューヨークへ行きたいと思っています。

ジル　ぜひぜひ、そうなさってください。少し計画が遅れていますが、テレビ番組をやろうと思っています。

捨名　僕もテレビで顔を出すことについて腹をくくったというか、決めました。大事な弟子たちの未来がかかっているので。

ジル　大変なご決断だったと思います。ぜひやりましょう。

捨名　ありがとうございます。

望月　欧米や世界の医師、医療従事者は、こういったエネルギーヒーリングに対してどの程度理解しているものでしょうか。また、いわゆる統合医療は、治療にどの程度取り入れられているのでしょうか。

ジル　やはりあまり理解もないですし、取り入れていらっしゃる方も少ないですね。ただ、ここ2年間、結構権威のある大学でエナジーヒーリングについての研究がやっと始まりました。エナジーヒーリングの研究に対して、日本円でいうと億の単位で、大きな資金提供をしてくれる企業が出てきています。たぶん東京大学の研究にも資金提供していると思います。

望月　東大がそういうことをやっていることは、日本では全然知られていないですね。

ジル　東大では、ベングストン教授（※P182参照）が始められたマウスを使った実験を、ベングストン教授なしで繰り返し行っています。やはりマウスを使って、ガン細胞を入れて、エネルギー的なテクニックを使って、そのガンがどうなったかという実験を実施したようですが、人に大きな声で知らせるような形でなく、ひっそりと行われたようです。

　だからこそ、捨名先生の話を世間に知らせるときなのだと思います。

ゲートオープンしてもらったときの感覚

望月　捨名師匠にゲートオープンしてもらった際のエピソードが非常に印象的だったので、もう一回、お話しいただけますか。

ジル　目を閉じたんですけど、自分の中で引っ張られている感じがして、目を開けました。私が言えるのは、目を開けた瞬間、見えた世界がこれまでとは違ったということです。人が光でできているように見えて、その光が見えて、もちろん、そのまばゆさに目は調整されたのですが、それが見えなくなることもないし、その見え方は決して変わることはなかったです。

望月　ジルさんは、このエネルギーを現在、ご自身の施術に生かされていますか。

ジル　私自身にも役立ちましたし、たくさんの方をその力で助けることができました。

望月　具体的に、どのように使っていらっしゃいますか。

ジル　私のワークの仕方と似ているのですが、捨名先生はさらにパワフルにやっていらして、それまでは気がつかなかったのですが、遠隔でも施術できることがわかりました。

コロナのさなかに、ステージ4、つまり最終ステージの胃ガンの患者さんで、ほどなく命が尽きるであろうと言われていた方と、3カ月間、Ｚｏｏｍを通して一緒にワークをし続けました。すると、3カ月が終わるころには、ガンがなくなりました。

捨名　ワーオ！

ジル　今度、私の番組にも出てもらう予定です。もし捨名先生に会えていなかったら、そんなことは絶対にできなかったと思います。

捨名　ワンダフル！（拍手）

ジル　ありがとうございます。捨名先生のおかげです。

望月　ちなみにアメリカのメディアやＴＶなどでは、こういったことを頻繁に取り上げる土壌があるのでしょうか。

ジル　やはりまだその機会は多くはありませんが、「まだ」ということを強調したいですね。以前に比べればハードルはずっと下がってきていますし、知識人というか賢い方々が研究してくださって、より多くの知識や情報を得られてきたことで、一般メディアにも広がりやすくなっていくと思います。

ジルさんの治療について

望月　ジルさんの治療についてうかがわせてください。今、治療院ではどのような施術をされていますか。

ジル　鍼灸、漢方、マッサージ、栄養的なアプローチ、エネルギーワークを行っています。

望月　それに加えて、捨名師匠に使えるようにしてもらったエネルギーも、あわせて使っていらっしゃるのでしょうか。

ジル　はい、常に使っています。

望月　先程、そのエネルギーが使えるようになったことで、ものすごく成果が出ているとうかがいました。僕らは捨名師匠に、使えば使うほどエネルギーが強くなって、どんどんいろいろなことができると教えてもらっていますが、ジルさんもそのように感じますか。

ジル　そうだと思います。やはり実践が大切です。練習しないとダメですね。

望月　いわゆる不妊治療にも、エネルギーワークを使われているのでしょうか。

ジル　はい、常にやっています。どのワークが効果があったのかはなかなか言いづらいのですが、あらゆる手段で妊娠できるようにサポートします。おかげさまで成功率は高いので、私の名前は不妊治療と結びつけて知られています。

望月　すばらしい。不妊治療によって妊娠された方の印象に残っているエピソードはありますか。

ジル　これは本にも書いている捨名先生のお話ですが、私の患者さんで不妊治療をしても4年間妊娠できなかった患者さんがいたのですが、捨名先生が一回会って、施術をされて、「男の子が生まれます」とおっしゃられて、本当に男の子が生まれました。

捨名師のエネルギーを授かる方々へ

望月　話は少し戻りますが、捨名師匠は「エナジーヒーリングが、日本の医療関係者や世の中にどの程度受け入れられているのか」という点について、よく考えていらっしゃいますよね。アメリカやヨーロッパの空気感もよくわかっていると思いますが、日本と比べてみていかがでしょうか。

捨名　エリック（ペパー教授）のおかげで、バイオフィードバック学会の力を借りることができ、イスラエルやサンフランシスコに行って、いろいろ紹介してきました。ですが、この力がめちゃくちゃマイノリティーなので、世に出していくのは本当にこれからという感じです。

ジル　状況としては少しずつよくなっていますけどね。

望月　捨名師匠の弟子の上級クラスでは、クライアントの症例の要因は、先程申し上げたネガティブ・ディバインが影響を及ぼしていることがすごく多いということで、その対処法を指導していただいています。

ジルさんも、これまでにたくさんの方を治療されてきて、マイナスなエネルギーの存在の介入によって病気になっているとか、具合が悪くなっていると感じられることはありましたか。

ジル　そういうケースを目の当たりにしたこともあります。ただ、そういうケースを目にしたときに、必ずしも「それがネガティブなエネルギーが原因です」という表現はしていません。私は、例えば「何か痛みを抱えている人」は、同じ痛みのエネルギーを引き寄せてしまうという表現で説明します。

望月　ここ数年、世界はコロナのパンデミックで大変な時期を過ごしましたが、ジルさんがいらっしゃるニューヨークやアメリカ全体はどのような様子でしょうか。

ジル　ニューヨークはパンデミックのせいで大変だったと思います。たくさんの方々がニューヨークを去りました。まだ以前と全く同じではありませんが、少しずつ取り戻しつつあるかなという感じです。

望月　コロナのパンデミックがなければ、捨名師匠は諸外国から招聘されていたと思いますが、ここ数年、海外との行き来ができなかった。ですが、もし海外に行っていたら、今行っている弟子の養成プロジェクトは実現できませんでした。日本でこのプロジェクトをひっそりと進めることができたのは、神の意思なのかなと感じています。

ジル　私もそう思います。

望月　捨名師匠もよくおっしゃるのですが、「神託がなければ、弟子を育てるなどという大変なことはやりたくなかった」と。

ジル　誰もが、神の呼びかけに従って生きているのだと思います。

望月　たくさんの人たちが捨名師匠にゲートを開いてもらい、このエネルギーを使えるようになりました。このエネルギーを使える人は、今、日本に約1700名います。

まさにこのエネルギーが必要とされているからこそ、このような流れになっていると感じますが、ジルさんは、捨名師匠やその弟子たちが、これからどのようにこのエネルギーを使い、世界に貢献していくことを神様から求められていると思われますか。

ジル　おひとりの方にヒーリングをもたらすと、毎回、その方の人間関係にも影響を及ぼして、さらに広がっていきます。なので、私がどう貢献しているかと自分自身のことを考えると、1人の方の心を開くことによって、それが水の波紋のように広がり、そのエネルギーがそのコミュニティにも広がっていって、変化をもたらすことが、自分の仕事の貢献ではないかと思っています。

望月　ジルさんが、捨名師匠やその弟子たちに期待されていることはありますか。

ジル　こうなってほしいという期待はないですが、単に楽しみにしています。彼のエネルギーワークが広がっていくことにワクワクしています。

望月　海外との行き来の規制が緩和されると、先程申し上げたように、ニューヨークへジルさんに会いに行ったり、海外との行き来がだんだんできるようになったりすると思っています。今、日本では、このソルライツのエネルギーを使える人が増えてきたので、海外でも弟子を育てるような講座を開催していきたいと考えています。そのときはご協力いただけますか。

ジル　もちろん協力させてください（拍手）。何でもやります。

望月　最後に、捨名師匠だけでなく、日本にいる弟子たち、これからこのエネルギーを使えるようになる人たちに向けて、ジルさんからメッセージをいただけますか。

ジル　これまでさまざまなヒーラーに出会いましたが、心配になってしまうようなヒーラーもいました。人を利用したり、人を操るためにその能力を使ってしまったりする方もいます。

すでにその力を伝授されたお弟子さんたちや、これから授かる方々にとって、このエネルギーはとても貴重な、尊重すべきものになりますので、その力を得た暁には、捨名先生のように慎み深く振る舞っていただきたいと思います。

【参考】ベングストン博士のハンズオン・ヒーリングの研究

ベングストンW、クリンスレーD．マウスの移植乳がんに対する按手の効果。J Sci Explor.2000;14(3):353-364.
Bengston W, Krinsley D. The effect of the laying-on of hands on transplanted breast cancer in mice. J Sci Explor. 2000;14(3):353-364.

ベセムS、ベングストンW、ラディンD、ターナーM、マクマイケルJ．ヒーリング法への曝露によって誘発される癌細胞の転写変化。Dose Response.2018;16(3):1559325818782843-1559325818782848.
Beseme S, Bengston W, Radin D, Turner M, McMichael J. Transcriptional changes in cancer cells induced by exposure to a healing method. Dose Response. 2018;16(3):1559325818782843-1559325818782848.
Beseme S、Fast L、Bengston W、Turner M、Radin D、McMichael J. ヒーリング技術に由来する磁気信号への曝露により生体内に誘発される効果。Dose Response.2020;18:1-10.

Beseme S, Fast L, Bengston W, Turner M, Radin D, McMichael J. Effects induced In Vivo by exposure to magnetic signals derived from a healing technique. Dose Response. 2020;18:1-10.

ヒーリング研究における対照群を含む方法論的困難。J Alter and Compl Med 2007;13(3):317-327.
Bengston W. Methodological difficulties involving control groups in healing research. J Alter and Compl Med 2007;13(3):317-327.

生体エネルギー・ヒーリング実験中の異常磁場活動。J Sci Explor.2010;24(3):397-410.
Moga M, Bengston W. Anomalous magnetic field activity during a bioenergy healing experiment. J Sci Explor. 2010;24(3):397-410.

“ソルライツと出逢って”

（しょうかんいん　すてら）
生観院ステラ

【プロフィール】
生観院ステラ
類まれなイメージ力と多次元宇宙へのアクセスの的確さ、長年現実創造の世界に携わってきた経験を活かし、このソルライツ・エネルギーを自由に使いこなす［銀河の司令官］と仲間からは呼ばれる。「生ききることは咲ききること」を理念に関わる人の純粋な欲望を聞き、それを実現するためのセッションや講座を提供。変容をもたらす実績に長年のファンも多い。

私の望みは「出逢う人の純粋な欲望が叶う様を見たい」というもの。自分の中にある本当の望みを表現し、叶え、幸せになる人を作りたい。そう願っていた私がソルライツのエネルギーに出逢った。私は直感した。これは私の願いを実現しうるものだと。純粋な欲望。「動かなくなった身体を動かせるようにしたい」「あの歌をもう一度歌いたい」「この日々のモヤモヤがなくなったらどんなに晴れやかになるか…」と人によって様々だ。その多種多様な願いに対応できる奇跡のエネルギー。

子どもの頃から足先が痛くて１時間も歩けなかったというクライアントのＮ様。いつも痛くなるのでボテッとした負担の少ない靴を履いていたが、お洒落な靴を履きたいと願っていた。どこに行っても何も悪いところはないと言われ、もう諦めていた足。その方の状態を拝見し、エネルギー体の足先が切断されていると感じ、足先を取り戻しなじませる。と、「痛くない！」とＮ様。それから１年、もう痛みは感じなく歩けている。念願だったお洒落な靴も履けている。

諦めていたことを可能にし、人を笑顔にできるエネルギー、それがソルライツだ。

サロン名：ステラマリス
所在地：東京都渋谷区恵比寿駅近郊（活動地区は全国区）
※ご予約の方に詳細お伝えします
Web サイト：http://stella.yuko-hayashi.com/stella/
お問い合わせ：stella.shokanin@gmail.com

“ソルライツと出逢って”

（しょうかんいん　みなれっといりえ）
生観院ミナレット入江

昭和世代のよくある一般的な家庭に生まれ落ち、育ちました。宇宙の法則、理が何なのかも全く知らずに目の前に起きていることのみを現実・事実として生きてきました。

2021年６月某日、運命、天機に触れた日、捨名師匠との出逢い。それからは、どっぷりとソルライツのエネルギーに浸かる日々。直弟子として真の宇宙の理を学びました。あらゆる奇跡と感動を体感して今日に至り、私はやっと夢現《ゆめうつつ》から目覚めて生きている。これこそが本当の私。ソルライツには魂の約束事を現実化する力がある。このエネルギーから愛されるようになると現実創造が圧倒的に速くなる。私の夫の田中隆も同じ直弟子ですが、毎日の私の変化に驚いています。

現在、私は捨名師匠と二代目望月龍平さんの下でさらなる研鑽を重ねています。五世代、六世代先の子どもたちへ、幸せと豊かさと笑顔を遺していくことが私自身の喜びであり、子どもを待ち望むご夫婦の希望の癒し処として【子宝チューニング】をしています。大宇宙からくる【魂】の器である肉体をご夫婦に授けることを私の天命として。宇宙開闢《かいびゃく》の今。

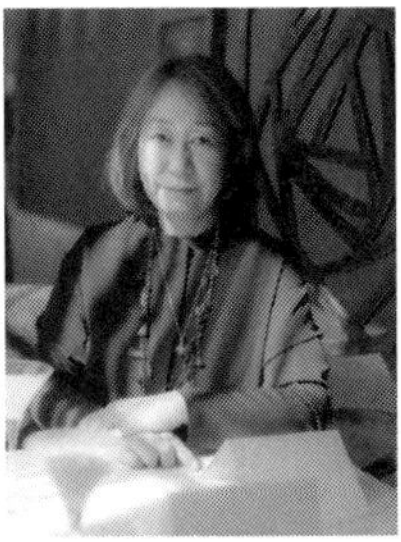

【プロフィール】
生観院ミナレット入江
神名【ミナレット入江】は大宇宙（大海）の入江と塔を表している。大宇宙から来る魂を受け入れて、地球から旅立つ魂を見送る【癒し処】という役目。子どもを望む女性（ときに男性も）に対して行う『子宝チューニング』は心から子どもを望むご夫婦の希望の癒し処となっている。寄り添い、その人を最適なステージへと導く伴走者。鍼灸師、２級建築士の国家免許を有する。

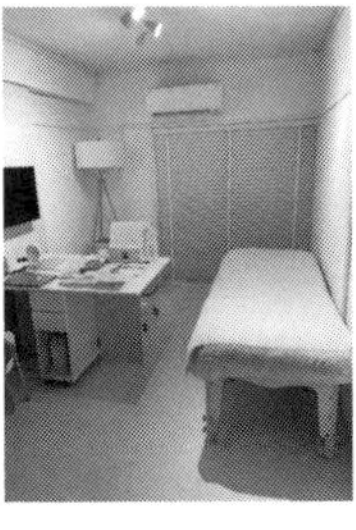

サロン名：ミナレット
所在地：東京都渋谷区恵比寿1-6-6斎藤ビル 403号室
Webサイト：
https://minaret.me/
お問い合わせ：
beacon@minareto.me

“ソルライツと出逢って”

（しょうかんいん　ちんじゅ）
生観院鎮守

「人々をより幸せにしたい」と技術を磨いてきた中でソルライツと出会いました。目の前で繰り広げられる捨名師匠の起こす奇跡。長年勤めた医療現場では到底経験したことがない現象に度肝を抜かれました。

手術や薬に忌避感を持つ方たちに、今まではホメオパシーと医療コーディネイトをご提案してきましたが、このエネルギーを第３の選択肢としてご提供できるようになりました。

血管の問題で手術待ちの方。「手術を避けたい」という希望に沿った調整を行ったところ医師から「手術の必要無し」との診断。治療法が確立されていない国指定の病気で「自宅で穏やかに暮らしたい」という方は、数週間後に希望通りの自宅療法に。

ソルライツの持つ愛と光のエネルギーは、肉体、心、魂、そして環境に働きかけます。過去のトラウマや悲しい記憶を癒し、より良い未来の創造に作用します。このエネルギーと出会ったことで、私の人生と仕事は大きく躍動しました。ぜひ、このすごさと感動を味わってもらいたい、体験してほしい！

東北は仙台の地より、種まきをしてまいります。

そして、それは日本全国へ。そして世界へと！

【プロフィール】
生観院鎮守
医療従事者と自然療法家としての経験を応用し、身体の内と心の動きを視る能力には定評がある。国内外に顧客を持ち、個性を最大限に活かすこと、トラウマ解消、潜在意識の書き換え等を得意とする。30数年培ってきた医療知識とソルライツを融合させた弥生流コンサルが大好評。究極眠道プログラム開発責任者。2022年、Sol Lights Association 支局長就任。

MIMOZA
生観院 鎮守
しょうかんいん ちんじゅ
Mail: info@mimoza1.com
HP:http://mimoza1.com/

サロン名：ミモザ
所在地：仙台市
Web サイト：http://mimoza1.com/
お問い合わせ：https://mimoza1.com/contact

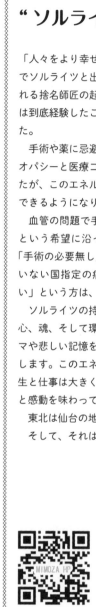

“ソルライツと出逢って”

（くみ／しょうかんいん くぜ）
久実／生観院久世

直弟子となり、施術の質が大きく変わりました。「全く別の次元に居る」そのような感覚です。

両耳が全く聞こえなくなって４か月経過した方。１度の施術で僅かだが聞こえるようになり、何度か施術を重ね、かなり聞こえるようになったり、左顔面全麻痺で、涙や鼻水すら出なくなった方も改善し動くようになったりするなど、それまでの自分では想像できない程の〝奇跡的〟な改善結果が出て、痛みや動き辛さ、病に悩む方だけでなく、自分らしい美しさを求める方、パフォーマンスを上げたいダンサー・アーティスト・パフォーマー・起業家など、より幅広い方が施術を求めてご予約されています。

施術に感動したクライアントの依頼で、馬への施術も。脚を引きずっていた馬が翌日駆け回り、以降、動物への施術も行っております。

また子どもの〝能力開発チューニング〟もご好評いただいております。神から授かった天賦の才を持ったお子様を伸び伸び成長させていくサポートをエネルギーを使ってやらせていただきます。

脳の機能向上、運動能力の向上、ソルライツの可能性は無限大です。ソルライツのエネルギーで、第二の大谷選手を。

【プロフィール】
久実／生観院久世
施術家。ソルライツ・チューニングとオステオパシー誇張法を合わせ、その上で独自の手指の感覚に従い施術する、世界でただひとりの施術家。舞踊、武術、言霊などで身に付けた所作・知識も施術に活かされている。

サロン名：Casa de Salud（カサ デ サルー／健康の家）
所在地：名古屋市内・東山公園駅徒歩５分
Web サイト：https://www.osteopathy-kochoho.com
Facebook：https://www.facebook.com/kumikumi4u

“ソルライツと出逢って”

(しょうかんいん だいちつちおう)
生観院大地土皇

ソルライツと出会い、心の拠り所ができ、人生がより良い方向に向かっています。互いに助け合える生涯の仲間に出会い、自分自身もソルライツ・チューニングによって何度も奇跡的な体験をしてきました。このエネルギーによって、多くの方々を助けられること、より良い人生に導いていくお手伝いができること、そして自分の人生が楽しくなっていることに喜びを感じています。

第二子の妊活がなかなかうまくいかず、不妊治療を始めたところだったのですが、捨名師の予告通り念願の男の子が産まれました。事業や人間関係の問題も大きく改善することができました。

直弟子コースでは、チューニングのやり方だけでなく、考え方や行動、人との接し方についても、たくさんの学びを得ました。今もなお、人として、リーダーとして、親として、弟子として、色々なことを学ばせていただいております。

私はこの学びを必ずや次世代の若者に伝えていきます。私、生観院大地土皇は土地、家の浄化や不動産に関する依頼が多く、事業に関する問題解決や願望実現へのチューニングを得意としております。

【プロフィール】
生観院大地土皇
1980年福岡生まれ。高校卒業後から自営業である建設関係の会社に入社し、2017年同社の2代目代表になる。20代の頃から目に見えない世界に目覚め、2021年に自身の人生を変える生観院捨名師とソルライツ・チューニングに出会い、数々の奇跡を自ら体験する。生観院大地土皇の名を授かり、土地、家、事業に関わるチューニングを得意とし、クライアントから厚い信頼を得ている。

サロン名：株式会社 大神（だいじん）
所在地：福岡県
メールアドレス：da.i.ki@me.com

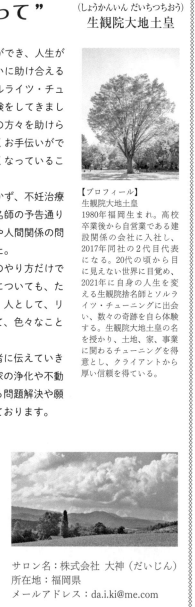

1	名前／サロン名	生観院大雄（しょうかんいん だいゆう）
	所在地	世界・日本全国（英語対応可）
	（専門特化領域）	現実創造、不可視化事象にも対処。Sol Lights 個人レッスンも応相談。
2	名前／サロン名	江口ヒロシ・生観院陽逸靈王（しょうかんいん よういつれいおう）
	所在地	東京・名古屋／全国 出張可（ご相談下さい）
	（専門特化領域）	土地・建物等浄化／お祓い、エネルギー可視化によるカウンセリング等、他
3	名前／サロン名	中野文武（なかの ふみたけ）／谷町なかの整骨院
	所在地	大阪市中央区高津1-3-6-1F
	（専門特化領域）	おからだの悩みを解消します。運氣調息や、家や職場の浄化も承ります。
4	名前／サロン名	生観院首里防人（しょうかんいん しゅりさきもり）／沖縄三浦堂
	所在地	沖縄、東京で施術
	（専門特化領域）	多次元調整、睡眠調整、ストレス調整、ボディ（疼痛・美容）調整、呼吸調整
5	名前／サロン名	小山隆敬（こやま たかひろ）／やわらか頭治療院・未来・
	所在地	東京都足立区梅田7-34-13-202
	（専門特化領域）	チャクラと潜在能力を開花させる頭蓋骨矯正・お金に愛される女神の痩身整体
6	名前／サロン名	喜波智子・生観院迎陽（しょうかんいん げいよう）／salon de Lupinus
	所在地	東京都（目黒駅より徒歩8分ほど）※詳細はご予約確定の際にお知らせいたします。
	（専門特化領域）	快眠・潜在意識・情報空間・フェイス＆ボディケア・誘導瞑想・開運メイク
		KINAMI_LUPINUS
7	名前／サロン名	田中俊和・生観院陽泉（しょうかんいん ようぜい）／住吉小学校前接骨院・整体院
	所在地	東京都葛飾区高砂8-8-10
	（専門特化領域）	筋肉骨格系施術、原因不明の体調不良、不定愁訴、土地建物の浄化
8	名前／サロン名	桑鶴麻紀子・生観院吉祥（しょうかんいん きっしょう）／Ange MAKIMEDIA
		まきこの吉祥
	所在地	京都・神奈川・東京 他全国出張承ります
	（専門特化領域）	愛の周波数で輝く艶 tuning 女性性　表現者の心身パフォーマンス UP
9	名前／サロン名	生観院愛溢・Aiitsu Shōkan-in（しょうかんいん あいいつ）／花もも harmony
	所在地	大阪市内（出張は全国可能です。まずはお気軽にご相談ください）
	（専門特化領域）	人は幸せになる為に生まれてくる。心と体と住環境から完全調和のあなたへ導きます。

10	名前／サロン名	畠山光・生観院須弥（しょうかんいん しゅみ）／須弥山
	所在地	秋田県南秋田郡
	（専門特化領域）	土地、自宅、会社、建物の浄化。ボディーチューニング
11	名前／サロン名	生観院慧観（しょうかんいん えかん）
	所在地	東京・神奈川・名古屋　※ご要望がございましたら全国出張いたします。
	（専門特化領域）	意識・心身魂を整える・自分自身を識る・豊かさ・女性の美しさ
12	名前／サロン名	生観院陽導礼子・YOUDO REIKO（しょうかんいん ようどうれいこ）
	所在地	岐阜・名古屋　他全国出張承ります。
	（専門特化領域）	『ソルライツ』×『癒しの手』。マッサージメニューやソルライツヨガを提供。
13	名前／サロン名	田中隆（たなか たかし）／隆斎庵
	所在地	東京都台東区
	（専門特化領域）	陽光の下で、貴方を阻むものを取り除くチューニングをいたします。
14	名前／サロン名	上妻扶久子・生観院開耶（しょうかんいん さくや）／「さくや」チューニングサロン
	所在地	東京都八王子市
	（専門特化領域）	運気が上昇する親子のスマイルチューニング。心が爽やかになります。
15	名前／サロン名	生観院円（しょうかんいん つぶら）
	所在地	愛知県
	（専門特化領域）	金運 up！おさいふチューニング／願い、高次へと届けます。
16	名前／サロン名	生観院恵実（しょうかんいん えみ）／リリーブ Amane
	所在地	大阪市北区
	（専門特化領域）	究極眠道はじめ、疲れ目かけ込み119番メガシャキ、首肩ゆるむんなど
17	名前／サロン名	生観院星窗（しょうかんいん せいそう）
	所在地	長野県東御市を中心に隣県、関東にも出張施術しております。
	（専門特化領域）	潜在意識、女性の身体のジレンマ解消、ボディーチューニング
18	名前／サロン名	ママの笑顔が地球を救う！　楽しく子育てサロン réaliser（レアリゼ）
	所在地	東京、神奈川
	（専門特化領域）	軽々と楽しく現実創造、心身のケア、親子の絆、子育てジレンマ解消、メイク

あとがきと謝辞

まずは、この本を手にしてくださったことに心から感謝申し上げます。
ありがとうございます。

私自身、高校を卒業と同時に劇団四季に入団し、その後独立して数々の舞台に出演すると共に、自身のカンパニーを立ち上げ、俳優、演出家、脚本家、プロデューサーという立場で、舞台を中心に活動してきたわけですが

私自身が舞台において、また人生において、してきたこと、また、していきたかったこと、探求してきたことが、まさにソルライツ・チューニングにあったというのが実感です。

人はみんな、生まれてきた意味、いのちの意味、人生の意味、そして死というものの意味を、その答えを求めているのではないでしょうか。

それは私自身がそうでした。

演劇における「劇場」という場所の私の定義は
「自分が自分に還る場所」です。

生きていればいろんなことがある。
喜びに胸が高鳴る日もあれば、怒りや悲しみに震えるときもある。
もう生きてさえいたくないというような日もあったことでしょう。
自分という人間が何なのかさえわからなくなることだって。

でも、そんなとき、感動に触れることで、なんだか自分の中心に戻ってこられるんじゃないかと私は思っているのです。

いのちとは感動である。
感動に触れることで、私という〝いのち〟を思い出し、本当の自分に還ることができる。

私とはいのち、いのちとは感動であり、喜びであり、愛であり、光である。

私たちは、愛であり、光。

神という存在は私たち自身の中にあり、私の中にある良心でもある。

それは既成概念や固定観念、この次元における社会常識、規範といったものではなく、私たちそのものの根源。


生観院捨名師との出逢いは、逢うべくして逢い、起こるべくして起きた。

そして、これは日々アップデートされていくのですが、私が自分の人生でずっと探していたものが今ここにあるという感覚。


「今、私は私自身と一致しつつある」という感じ。

〝一致しつつ〟というのは、果てしない宇宙と神世の理、いのちの神秘においては、どこまでいっても奥の院があって、それ故に飽きることなど全くなく、わかったなどとはおこがましいというのが私の所感です。

どんなに自分の意識が変容し、視えてきた真理があったとしても、常に「わかりつつある、一致しつつある」というような立ち位置が私にとって心地良いのです。わかったつもりにならないことで、より深いことがわかっていくのですから、要はそれを私は味わっていたいのです。

人生やいのちをどう定義するかは自分の意志次第。

だが、本当のことはたった一つ。

人生は楽しい。いのちって素晴らしい。
生きるってめちゃくちゃおもしろい。
人間は、どこか滑稽で、それでも尚愛おしい。

昨今、不穏な情勢が世界的に続いています。
世の中を眺めていて、「こんなにも堂々と嘘をつくと、案外人は信じてしまうものなんだな」と思う。

だが、世の中がどうであれ、自分が取り巻く現状がどうであれ、私たちは私たち自身の態度を決めることができる。

自分の意志で選択することができる。

これが神世における本当の現実創造である。

そして、これは私たちが生きる三次元の世界でも真理であると私は解釈している。

私は先日45歳を迎えました。

人生の折り返し地点は、もうとうに過ぎていると認識しています。

私は清廉潔白ではないし、叩けばいくらでもホコリは出る。

しかし、そんな自分すらも認め、赦し、愛することが、いつの頃からかできるようになった。

それは自己否定を続けてきた私にとって本当に幸せな転換でした。

転換などというものは、一気に起こるものではなかったように思います。

じんわりじんわりといろんなことを経験して、いろんな想いも味わって、味わい尽くして、今ここに辿り着いたように思います。

ここまで辿り着いた自分を褒めてあげたいし、できることならば、この今の私に視えている景色を、そこで味わう爽快感を皆さんにも味わって欲しいと思っています。

そして、人生で起こる全てが、神様からのギフトであったことを皆さんにも知ってほしい、実感してほしい。

私の周りにそんな人が増えていったら、私はより幸せになれる。幸せの連鎖をたくさんつくっていきたい。私の喜びのためにも。

いずれこの肉体を脱ぎ捨てて天に還るときには、ほとんど何も持っていけないわけですが、そのとき持っていけるものだけが、本当に大切なものなのです。

私たちソルライツ・アソシエーションが目指すものは、「五世代、六世代先の子どもたちのために、争いという概念さえない、幸せで豊かな未来を遺す」ただ一点。

それを次世代、次世代に遺していくには、今を生きている私たち自らが、ほんとうの

〝いのち〟を実践することしかないのです。

それ以外に方法はないのです。


焦る必要はない。焦ったところでいいこともない。

自分にできることから、そして自分の喜びとすること、楽しいことから始めていけばいい。


自分を識り、認め、赦し、愛する人が、一人ずつ増えていけば、必ず我々のビジョンは達成される。

そのとき、私たちは既にこの世にはいないのでしょうが、だからこそやり甲斐がある、だからこそ楽しい。


今回、私にとっても初出版となるこの書籍を、捨名師との共著という形で出させてもらうのは、とてもありがたいことです。

出版にあたって大変ご尽力をいただきました皆様に心から感謝申し上げます。

そして、私と出逢ってくれた全ての皆様に感謝を。

天に還った両親にも感謝を。

また日々のソルライツ・チューニングの活動を応援し、共に歩んでくれている協会メンバーの皆さん、

いつもありがとうございます。

そしてこれから理念を共にし、いのちを懸けて一緒に活動していってくれる直弟子を始めとした仲間たちにも深く深く感謝申し上げます。

あなたたちがいなければ、神世の計画は成されない。

私たち自身が神の計画の一部なのです。これからも共に歩んでいきましょう。

師匠と共に。

最後に私や弟子たちを教え導き、ときに命を懸け、身を挺して私たちを護ってくれる捨名師匠。

本当にありがとうございます。

これまでの三十数年にも及ぶ、たったお一人での闘い。それが如何に過酷なものであったか、そのことを弟子一同もっと深く理解していくことも、これから特に必要だと感じて

います。

ですが、どこに出しても恥ずかしくない「立派な弟子」としてみんな育ってきたことですから、これからは弟子たちで師匠をお護りしつつ、我々自身が先頭を切って歩んでいけるように、より一層精進してまいります。

この壮大な神のプロジェクトも、ようやくそんな段階に来られたのかなという気がしております。

これからも、たくさんのことをご教授いただけますようお願いすると共に、その教えを実践、実行していくことを弟子一同と共に誓います。


神々の最高傑作としての自分たちを生きることが、神々への最大の謝意であります。

この本が、多くの方に届き、その方の人生と未来を愛と光で明るく照らすことができますように。その祈りと共に。

2023年11月17日

一般社団法人　ソルライツ・アソシエーション代表理事

生観院流二代目
生観院玉龍如意宝珠　望月龍平

本出版にあたり、２０２３年3月に執り行われた出版予祝記念パーティーにてご賛同、応援を賜りました方々のご芳名を、感謝のエネルギーと共に記載申し上げます。改めまして、心より御礼申し上げます。

special thanks to:

愛母・阿修羅

旦晃徳子

井上貴江

太田直江

大川聖子

加藤ふみ代

慧用五百里

生観院愛溢　智子

生観院愛泉

生観院愛大樹　直子

生観院慧観　高子

special thanks

生観院叶愛幸子
生観院嘉紋
生観院キキ結美子
生観院吉祥
生観院鏡水微笑
生観院久世久実
生観院閨秀弘子
生観院迎陽　智子
生観院月華閻王
生観院開耶扶久子
生観院櫻ボルケーノ
生観院釈空
生観院須弥
生観院慈陽
生観院将陰
生観院星窗美香

生観院大雄
生観院田力
生観院丸輝　万紀
生観院鎮守弥生
生観院天翔富子
生観院扶逸悦子
生観院眞羽咲
生観院陽逸靈王
生観院陽静
生観院陽泉
生観院陽導礼子
生観院翼龍
生観院隆斎
生観院和奏
ステラ
仙波和之

special thanks

萩尾淳子
原﨑直美
藤元 佑美
ミナレット
横田真也
吉村 由紀恵
Fusako Ikuta

生観院捨名（しょうかんいん しゃな）

曹洞宗方丈（僧籍保持）でもあり、幼い頃から自身に見えていた神より、30歳の誕生日に神の啓示を受けヒーリングの道を歩み出す。以降、31年に渡り一般人からVIPまで、リウマチ、アトピー、鬱や不妊、がん、エイズ、現代の医療では不治の病と称されるようなあらゆる難易度の高い症例に対するその御業に、涙を流し感動する人は決して少なくない。その奇跡を目の当たりにした人々から「神に最も愛される男」と称される。

米国サンフランシスコ州立大学教授でありホリスティック医療研究所所長でもあるエリック・ペパー氏の要請を請け、氏の研究対象となる。あらゆる心身の悩みに対するその不思議な能力は日米両国でも前代未聞とされ、ペパー教授より全く新しいジャンルの施術だと認定を受ける。2008年2月、オーストリア・ザルツブルグで開催された、ヨーロッパバイオフィードバック学会のゲストとして肺がん患者へのデモンストレーションを披露。その場で肺活量がどんどん上がっていく事実に会場全体が驚愕。日本の芸能界やプロスポーツ界、政界、医師のみならず、ハリウッドや世界各国の軍のトップ、王族などの要人をクライアントに持つなど、その依頼は日本だけに留まらず海を超える。

2020年、新たな神託により、望月龍平氏とタッグを組み、地球の憂鬱を晴らし、惑星地球のみならず、宇宙全体の救済及び、多次元宇宙における我々人類の潜在能力の覚醒のため、人々にソルライツ・エネルギーを使用する能力を再び取り戻す（ゲートオープン）の伝授を開始。人伝いに噂が噂を呼び、特に広告宣伝もせずクチコミのみで、これまで国内に1700名を超えるソルライツ・エネルギーの使い手を生む（2023年12月現在）。中でも、2年間にわたる直接指導によって育成された直弟子コースの修了生達は、目まぐるしい結果・成果を次々に出し、それは肉体だけの問題に留まらず、精神的な問題や、お金、良縁、ビジネス、子宝など、あらゆる事象において、クライアントの願望実現と問題解決をソルライツ・チューニングによってサポートし、その圧倒的な結果からクライアントより絶大なる支持を受けている。

2022年、望月龍平氏とともに一般社団法人ソルライツ・アソシエーション（Sol Lights Association）を立ち上げる。「五世代、六世代先の子どもたちに平和で豊かな笑顔溢れる、争いという概念すらない世界を遺す」ために、〝シン弟子〟、〝チューナー〟という称号を持つ協会コアメンバーの弟子たちとともに、後進の育成指導、ソルライツの啓蒙をこの地球上と宇宙における自身の神託、神事として日夜活動している。

望月龍平（もちづき りゅうへい）／生観院玉龍如意宝珠（しょうかんいん ぎょくりゅうにょいほうじゅ）

俳優・演出家・脚本家・演技トレーナー

プロデューサー／生観院流二代目

18歳で劇団四季に入団。

数々の作品でメインキャストを務め、2008年の退団までに2500ステージを踏む。退団後、俳優のみならず演出家・脚本家・プロデューサーとしても異才を放つ演劇人。2011年 望月龍平シアターカンパニー（現・株式会社蒼龍舎）RYUHEI COMPANY を設立。数々の話題作を世に生み出し演劇界の異端児として注目を浴びる。またプロ志望の若者達の指導では、有名劇団に多数の合格者を輩出。その多くはメインキャストを獲得し、現在も活躍中。

生観院捨名師との出逢いをきっかけに、捨名師と共に生観院流弟子育成プロジェクトを始動。2022年、一般社団法人ソルライツ・アソシエーション（Sol Lights Association）を設立し、弟子育成プロジェクトを修了したメンバーとともに全国各地で講座やイベントを開催。2023年12月現在までに1700名のゲートオープンを執り行い、ソルライツエネルギーの遣い手を輩出。自身も捨名師より生観院流２代目を託され、生観院玉龍如意宝珠として〝神託セッション〟や〝潜在意識書き換え・描き変えセッション〟、俳優としての経験とソルライツ・チューニングを融合させた〝ヴォイス・イノベーション〟などの特別セッションでは、守護神から与えられた未来を見据えるチカラとホンモノを見極める眼力を活かし、クライアントが本当に求める生き方と在り方、その人本来の資質を引き出し、「100％の私」で生きる人を日々育んでいる。これらのセッションを受けた人たちからの感動、感謝、感嘆の声は後を絶たず、申し込み開始と共に予約が埋まる盛況ぶり。関わった数多くの人々が、人生のイノベーション、ブレイクスルーを果たし、売上アップ、収入アップのみならず、本当に歩みたい人生を歩んでいく様は壮観である。2023年８月ソルライツ・チューニング Labo 名古屋をオープン。

ソルライツ・チューニングを愛する人達が集える場所、またいつでもソルライツ・チューニングの施術を受けられる場所として、皆のサンクチュアリ（聖域）として、全国各地からたくさんの人々が訪れる最高のパワースポットとなっている。

株式会社 JiNDo 代表取締役社長

株式会社蒼龍舎 代表取締役社長

一般社団法人ソルライツ・アソシエーション代表理事

株式会社 JiNDo CreACTion 取締役

RYUHEI COMPANY 主宰

【RYUHEI COMPANY 代表作】

音楽劇「君よ 生きて」

ミュージカル「鏡の法則」

文七元結 the musical !!

twelve　ほか

魂の故郷《ふるさと》からのエネルギー
ソルライツ・チューニング
神と悪魔のホントの話

第一刷 2023年12月31日

著者 生観院捨名
望月龍平

発行人 石井健資
発行所 株式会社ヒカルランド
〒162-0821 東京都新宿区津久戸町3-11 TH1ビル6F
電話 03-6265-0852 ファックス 03-6265-0853
http://www.hikaruland.co.jp info@hikaruland.co.jp
振替 00180-8-496587
本文・カバー・製本 中央精版印刷株式会社
DTP 株式会社キャップス
編集担当 石田ゆき

ISBN978-4-86742-336-3

コンドリの主成分「Gセラミクス」は、11年以上の研究を継続しているもので、天然のゼオライトとミネラル豊富な牡蠣殻を使用し、他社には真似出来ない特殊な技術で熱処理され、製造した「焼成ゼオライト」（国内製造）です。
人体のバリア機能をサポートし、肝臓と腎臓の機能の健康を促進が期待できる、安全性が証明されている成分です。ゼオライトは、その吸着特性によって整腸作用や有害物質の吸着排出効果が期待できます。消化管から吸収されないため、食物繊維のような機能性食品成分として、過剰な糖質や脂質の吸収を抑制し、高血糖や肥満を改善にも繋がることが期待されています。ここにミネラル豊富な蛎殻をプラスしました。体内で常に発生する活性酸素をコンドリプラスで除去して細胞の機能を正常化し、最適な健康状態を維持してください。

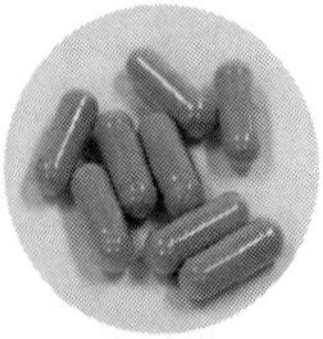

カプセルタイプ

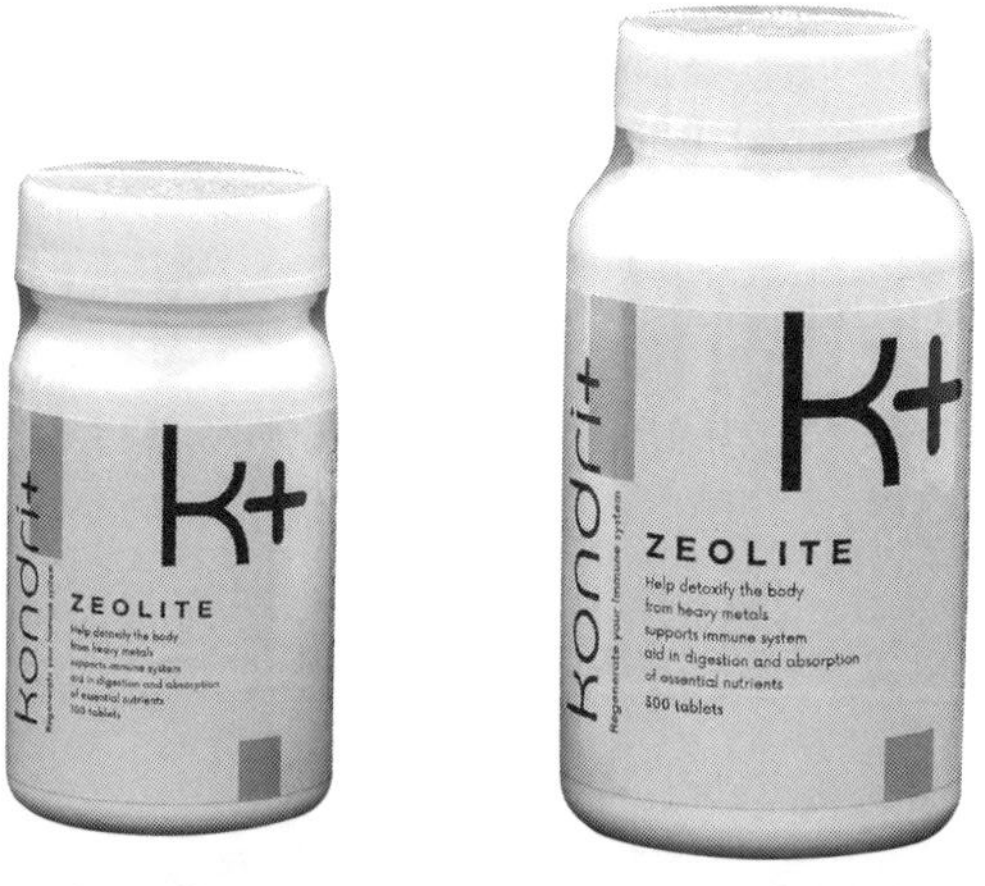

コンドリプラス100
（100錠入り）
23,100円（税込）

コンドリプラス300
（300錠入り）
48,300円（税込）

コンドリプラスは右記QRコードからご購入頂けます。

QRのサイトで購入すると、
35%引き！
定期購入していただくと50%引きになります。

＊ご案内の価格、その他情報は発行日時点のものとなります。

本といっしょに楽しむ イッテル♥ Goods&Life ヒカルランド

周りに電磁波ノイズがあっても超ピュアな身体

脳の負担を開放し、まるで森林浴！ 気のエネルギー強化にも

生体のエネルギーを推定する「ゼロ・サーチ」（物質でもありエネルギーでもある人体の「気」の測定器【特許第5132422】）を使用しながらやっと完成しまた。

電磁波吸収素材であるカーボンマイクロコイル（CMC）をコーティングした多重無誘導コイルを地球の電磁界の周波数であるシューマン波で振動させる仕組みとなっています。

これを人体の近くで作動させると経絡の気の流れが正常化することがゼロ・サーチによって確かめられました。また、ドイツ振動医学で言われているエレクトロスモッグ（電磁波ストレス）の共鳴が急速に消失していくことも確かめられています。

ゼロ・サーチをテスターのように使ってトライ・アンド・エラーを繰り返して創ったものなので、発明した本人も電気工学的用語でクリーン・オーラの作動原理を完全には説明できませんが、有益な作用は確認できています。

クリーン・オーラ
clean aura

165,000円（税込）

サイズ：幅 7.9cm ×奥行 7.9cm ×高さ 6.4cm
セット内容：①クリーン・オーラ本体、② AC アダプター（コンセントに使用する場合）、③電源供給ケーブル（モバイルバッテリーを使用する場合）
＊特願 2020-063623「有害電磁波抑制装置」
＊商標 6389312 号

ご注文はヒカルランドパークまで TEL03-5225-2671　https://www.hikaruland.co.jp/

＊ご案内の価格、その他情報は発行日時点のものとなります。

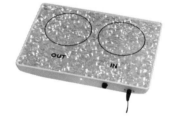

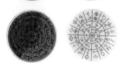

本といっしょに楽しむ イッテル♥ Goods&Life ヒカルランド

CMCのテロメア活性化とラジウムのホルミシス効果で 細胞を活性化！ 冷え対策にバッチリ‼

CMC&Hi-Ringo スーパーストール

販売価格：33,000円（税込）
●カラー：ネオパープル　●サイズ：幅約86㎝×長さ約139㎝　●素材：ナイロン80%、ポリウレタン20%
※模様になっているプリント面を、なるべく広い範囲で体に当てるようにご使用ください。

ゼロ磁場を発生させ、奇跡の新素材と言われるCMC（カーボンマイクロコイル）と、ラジウムのもつ体細胞を活性化させるというホルミシス効果を併せたちょっと欲張りなストール。

冷えたな、と感じたら、大きめのストールでしっかりと体を包み込めます。大判なので、ひざ掛けにしても布がたっぷり余ります。ティッシュボックスより小さく折り畳めるので、持ち運びにも大変便利。どこへでも携帯可能です。

【お問い合わせ先】ヒカルランドパーク

＊ご案内の価格、その他情報は発行日時点のものとなります。

本といっしょに楽しむ イッテル♥ Goods&Life ヒカルランド

一番人気！自宅や会社を丸ごと電磁波防止！

CMC スタビライザーは、世界初のカーボンマイクロコイル（CMC）が大量に圧縮充填されており、電磁波やジオパシックストレス（地磁気）等の影響から防御することができます。

No.80

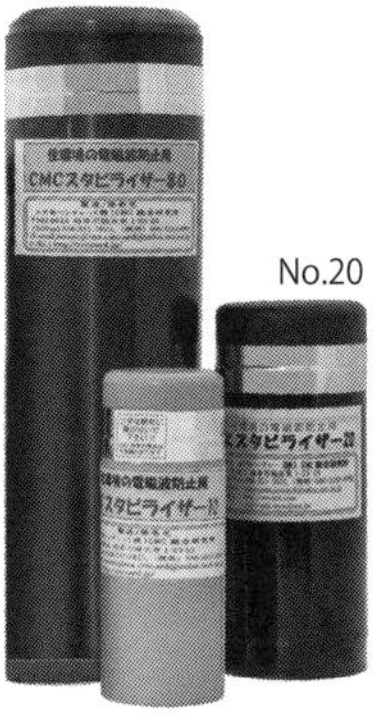

No.20

No.10

CMC スタビライザー

No.10　99,000円（税込）

No.20　165,000円（税込）

No.80　572,000円（税込）

●容器：SUS製円筒容器　※内部に充填したCMC粉末が飛び散る恐れがあるので、ふたは絶対に開けないでください。

●CMCスタビライザー比較表

種類	色	サイズ	重量	CMC充填量	有効範囲
No.10	ベージュ	底直径4.5×高さ12cm	約85g	10g	半径約75m
No.20	赤・黒	底直径5.5×高さ14～14.5cm	約180g	20g	半径約100m
No.80	白・赤・黒	底直径7.5×高さ25cm	約440g	80g	半径約300m

電気自動車、ハイブリッドカーの電磁波を強力防御！

ハイブリッド車急増の今日、電磁波の影響で眠気や集中力の欠落を招くとの指摘もあり、対策は急務です。車内の波動的環境の改善に特化した「CMC ハイブリッド」で乗車中の電磁波ストレスを防ぎましょう。

CMC ハイブリッド

ハイブリッド -15　132,000円（税込）

ハイブリッド -25　198,000円（税込）

【ハイブリッド-15】
CMC充填量：15g　色:赤　大きさ：底直径5.5×高さ14.5cm
重量：約170g　母材：ステンレス【SUS】

【ハイブリッド-25】
CMC充填量:25g　色：赤　大きさ：底直径5.5×高さ14.5cm
重量：約190g　母材：ステンレス【SUS】

お問い合わせはヒカルランドパークまで TEL03-5225-2671　https://www.hikaruland.co.jp/

＊ご案内の価格、その他情報は発行日時点のものとなります。

ヒカルランド　好評既刊！

地上の星☆ヒカルランド　銀河より届く愛と叡智の宅配便

人生改革！（過去世５代×先祖×憑依霊）
飛沢式［量子HADOヒーラー］養成講座
著者：飛沢誠一
四六ソフト　本体 2,000円+税

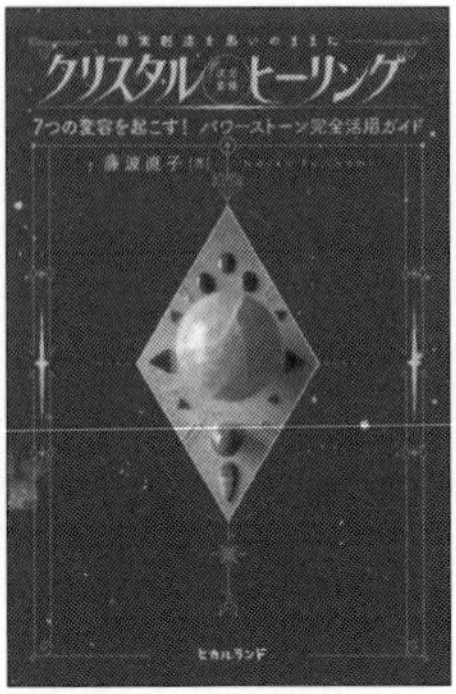

現実創造を思いのままに
クリスタル《次元変換》ヒーリング
7つの変容を起こす！パワーストーン完全活用ガイド
著者：藤波直子
四六ソフト　本体 2,000円+税

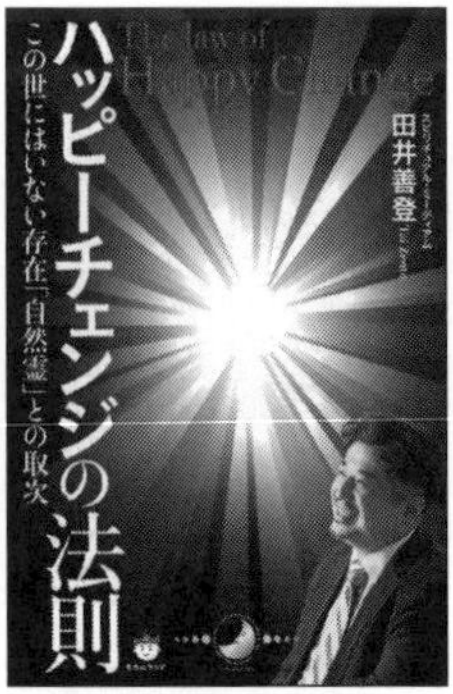

ハッピーチェンジの法則
著者：田井善登
四六ソフト　本体 1,800円+税

「憑き物」のトリセツ
著者：シークエンスはやとも／八木勇生
Ｂ６ソフト　本体 1,800円+税

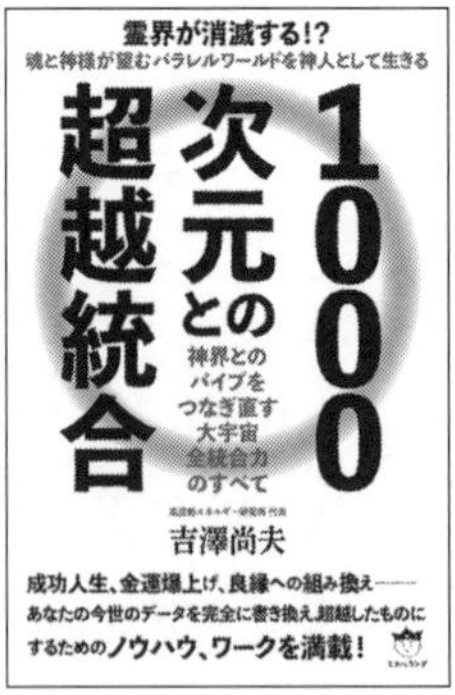

1000次元との超越統合
神界とのパイプをつなぎ直す大宇宙全統合力のすべて
著者：吉澤尚夫
四六ソフト　本体 2,000円+税

チャクラ・リチュアルズ
"ほんとうのわたし"で生きるための７つのチャクラ【実践】ワークブック
著者：クリスティ・クリステンセン
訳者：田元明日菜
Ａ５ソフト　本体 2,700円+税

ヒカルランド　好評既刊！

地上の星☆ヒカルランド　銀河より届く愛と叡智の宅配便

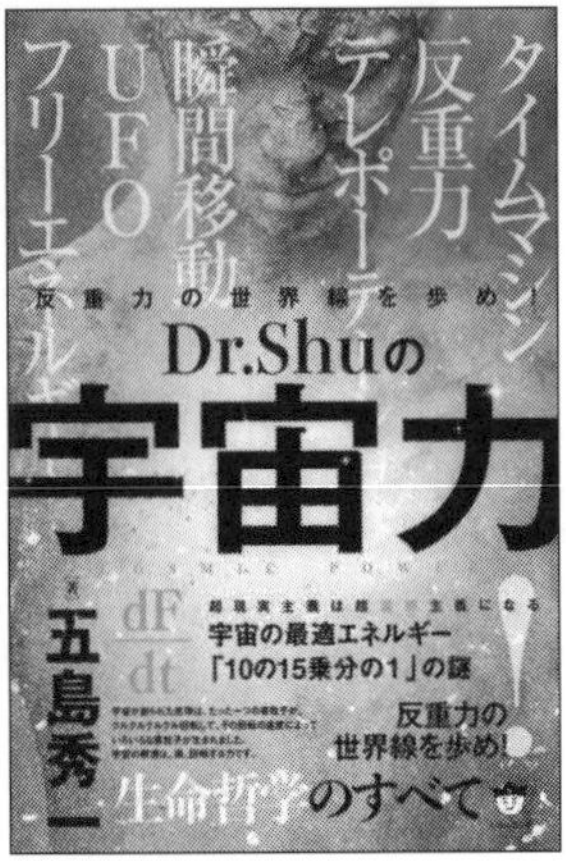

Dr.Shuの【宇宙力】
著者：五島秀一（Dr.Shu）
四六ハード　本体 2,200円+税

【秘密宇宙プログラム：SSP】のすべて
著者：Dr.マイケル・E・サラ
監訳／解説：高島康司
四六ソフト　本体 3,000円+税

真実の歴史
著者：武内一忠
四六ソフト　本体 2,500円+税

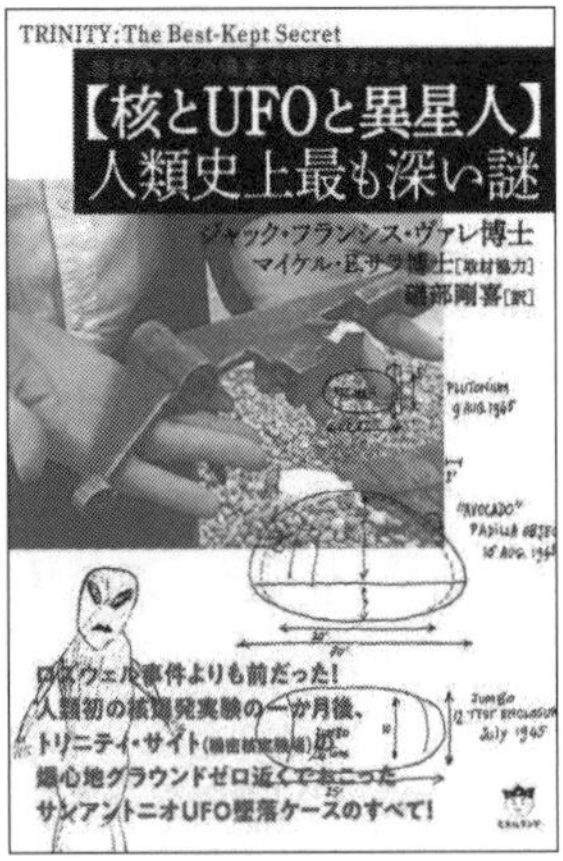

【核とUFOと異星人】人類史上最も深い謎
著者：ジャック・フランシス・ヴァレ博士
取材協力：パオラ・ハリス
訳者：礒部剛喜
Ａ5ソフト　本体 6,000円+税